Werner Schwanfelder

DIE SCHÖNSTEN AUSFLÜGE

STILLE WEGE RUND UM NÜRNBERG

Wander-, Rad- und Autotouren abseits des Trubels

J. BERG

Inhalt

Erholung auf den stillen Wegen
rund um Nürnberg 4

DIE TOUREN

1 Von Forchheim zur Ehrenbürg . . . 8
Wanderungen und eine Radtour
rund um Forchheim

**2 Durch die Täler von Wiesent
und Leinleiter . . . .** 16
Wanderung und Radtour
von Gasseldorf nach Streitberg

3 Rund um Heiligenstadt und Aufseß 24
Zwei Wanderungen
mit Stadtrundgängen

4 Egloffstein, ein Genuss der Sinne . . 32
Wanderung und Radtour nach
Hundshaupten

5 Auf dem Fünf-Seidla-Steig 38
Wanderweg von Weißenohe
über Gräfenberg nach Thuisbrunn

**6 Von Hersbruck zum Schloss
Henfenfeld . . . .** 48
Wanderung und Radtour um Hersbruck

7 Von Lauf nach Speikern 58
Bummel durch Lauf und
Archäologischer Wanderweg

8 Von Roth ins Mühlental 68
Wanderung auf dem Mühlenweg

An der Pegnitz befindet sich die letzte in Lauf erhaltene Schleiferei, die Reichel'sche Schleif, heute sehenswertes Museum.

Das Alte Rathaus dominiert optisch den Marktplatz von Herzogenaurach.

9 Hilpoltstein und der Rothsee 80
Wanderung um den Rothsee
und Radtour nach Heideck
und Pyras

**10 Georgensgmünd: kleiner Ort,
große Kunst** 90
Skulpturenweg und Planetenweg

**11 Rund um die Hopfenstadt
Spalt** 100
Wanderung zur Bärenburg und
zur Burg Wernfels

12 Auf den Spuren der Markgrafen .. 108
Wanderung von Cadolzburg
nach Kriegenbrunn

**13 Von Herzogenaurach in den
Wiesengrund** 118
Wanderung und Radtour um
Herzogenaurach

**14 Von Bad Windsheim
nach Uehlfeld** 126
Mit Auto oder Rad entlang
der Aischgründer Bierstraße

**15 Osterbrunnenfahrt durch
die Fränkische Schweiz** 134
Abwechslungsreiche Rundfahrt
ab Forchheim

Orts- und Sachregister 142
Impressum 144

Wiesen, Wälder, und kleine Hügel sind charakteristisch für das Fränkische Land.

Erholung auf den stillen Wegen rund um Nürnberg

Ich bin beruflich und privat viel in der Welt herumgekommen. Und doch freue ich mich immer wieder, wenn ich in meine Heimat zurückkomme. In solchen Phasen erlebe ich »mein« Frankenland sehr intensiv. Ich freue mich über das Grün der Wiesen, über die so heimeligen »Steckalas«-Wälder, die Fachwerkhäuser, die Bauerngärten und die Burgen und Schlösser. Hier kann ich aufatmen, mich erholen vom Stress des Alltags und in dieser Oase alle Schönheit in angenehmer Stille genießen. In diesem Buch möchte ich Sie in meine Lieblingsregionen entführen.

Wir beginnen im Norden von Nürnberg in der mittelalterlichen Stadt Forchheim und wandern hinauf auf das Walberla, von dem man in aller Gemächlichkeit das Frankenland überblicken kann. In Forchheim können wir auch einen Spaziergang auf die Keller machen und in Ruhe ein süffiges Bier schlürfen – nur nicht zur Zeit des Annafestes, dann geht es auch in Forchheim und auf den Kellern recht geschäftig und gesellig zu. Eine andere Tour führt uns ins Wiesent- und Leinleitertal. Wir wandern durch die herrliche Felslandschaft und genießen den Ausblick von der Ruine Streitberg.

Rund um Nürnberg ist Bierland. Bei Aufseß gibt es die höchste Brauereidichte in Deutschland. Was liegt näher, als den einen oder anderen Brauereiwanderweg zu erkunden, auf denen man von Brauerei zu Brauerei unterwegs ist. Besonders schön ist der »Fünf-Seidla-Steig« von Weißenohe nach Thuisbrunn. Auf dem Weg von Egloffstein nach Hundshaupten kann man außerdem den kulinarischen Genuss mit wunderbarer Landschaft, Baukultur und Tierbeobachtung verbinden.

Im Osten von Nürnberg liegen die Städte Herbruck und Lauf. Das ist historischer Grund. Wir folgen der »Goldenen Straße« und betrachten die Überreste der Hallstein-Kultur. Im Süden von Nürnberg schließlich beschreiten wir den Planetenweg und den Skulpturenweg von Georgensgmünd aus. Ein Erlebnis ist auch der Mühlenweg von Roth nach Hilpoltstein. Aber die Region bietet ebenso schöne Seenlandschaft, romantische Burgen und natürlich süffiges Bier. Spalt gilt als das Bierzentrum dieser Region.

Im Westen von Nürnberg liegt Herzogenaurach, eine Stadt und eine Umgebung, die mehr zu bieten haben als die Weltmarken adidas und Puma. Ein Weg führt von der Feste Cadolzburg bis zu den Vororten von Erlangen. Und weil es natürlich auch im Westen von Nürnberg Bier gibt – und zum Bier kulinarisch Karpfen bestens passt – besuchen wir den Aischgrund von Bad Windsheim bis Uehlfeld.

Schließlich noch ein letzter Vorschlag, einem alten Brauch folgend: die Osterbrunnentour. Nicht empfehlenswert ist die Tour an den Feiertagen, in der Woche nach Ostern sind die Wege aber wieder »still«.

Es ist bei den vorgeschlagenen Touren sicher für jeden Geschmack etwas dabei: Man kann die Wege mit dem Auto, mit dem Fahrrad oder auf Schusters Rappen entdecken.

Ich wünsche den Lesern und den Ausflüglern erholsame Tage in diesem herrlichen Teil Frankens!

Ihr Werner Schwanfelder

Kleine Seen und Bäche schenken der Vegetation des Landes ausreichend Feuchtigkeit.

Die Touren

1

Von Forchheim zur Ehrenbürg

Wanderungen und eine Radtour rund um Forchheim

■ **Ausgangspunkt** Forchheim
■ **Anfahrt**
Auto A 73 Nürnberg–Bamberg, Ausfahrt Forchheim-Süd bzw. -Nord.
Bahn: Bahnverbindung ab Nürnberg bzw. Schweinfurt bis Bhf. Forchheim.
■ **Streckenlänge**
Wanderung 1 Forchheim – Wiesenthau: 6 km (einfach) – 1:30 Std.
Wanderung 2 Wiesenthau – Walberla – Rodenstein und zurück: 6 km – 2 Std.
Radtour Forchheim – Kirchehrenbach – Dietzhof – Wiesenthau – Forchheim: 14 km – 2 Std.
■ **Highlights** Forchheim; Schloss von Wiesenthau; die Ehrenbürg (Walberla) mit der Kapelle und wunderbarer Aussicht
■ **Tourist-Info** Tourist-Information, Rathaus, 91301 Forchheim, Tel. 09191/714-338 o. -337, www.forchheim.de

Der weitläufige Steigerwald begrenzt die historische Stadt Forchheim im Westen, die Fränkische Schweiz, das beliebteste Feriengebiet der Nürnberger, im Osten. Die historische Innenstadt prägt der Charme alter fränkischer Stadtarchitektur. Die Wanderung von Forchheim zur Ehrenbürg ist ein Muss für Besucher.

Stadtrundgang durch Forchheim

Eine Hausinschrift beschreibt die Stadt als »alt und ehrwürdig« und »reich an neuem Leben«. So ist es in 1250 Jahren fränkischer Geschichte bis heute geblieben. Einen Eindruck davon bekommt man auf einem Rundgang durch die historische Altstadt.

Diesen beginnt man am besten am **Rathaus**, einem spätgotischen Fachwerkbau, der bereits vor 1402 entstand. Sehenswert ist der große Rathaussaal im Obergeschoss des Ostflügels. Die Hauptstraße und die Sattlertorstraße bilden einen belieb-

Heiligenfiguren an den Hausfassaden zeigen die religiöse Verbundenheit der Bevölkerung.

ten Platz, so etwas wie das Zentrum von Forchheim. In Straßencafés kann man die Atmosphäre genießen. An das Rathaus angebaut ist der Magistratsbau in schönstem Renaissancestil aus dem Jahr

Das Rathaus, die Fachwerkbauten am Platz und die mächtige Martinskirche dahinter sind atemberaubend schön.

Auch Kleinigkeiten wie Türen und Figuren zeugen von Kunstverständnis.

An das Rathaus angebaut ist der Magistratsbau, ein Fachwerkbau im Stil der Renaissance.

1535. Hinter dem Rathaus erhebt sich die kath. **Stadtpfarrkirche St. Martin**. Sie stammt aus dem 11.–16. Jahrhundert.

Wir gehen um die Kirche herum und sehen den **Konradsbrunnen**, der an das historisch bedeutsame Jahr 911 erinnert. In diesem Jahr wurde Konrad I. in Forchheim zum ersten ostfränkischen König gewählt. Durch einen kleinen Durchgang kommen wir rechter Hand zur Marienkapelle. Ursprünglich war sie die Kapelle des Bischofsschlosses und stammt im Kern aus dem 12. Jahrhundert. Die äußere Form erhielt sie zwischen dem 14. und 18. Jahrhundert. Der gegenüberliegende, an drei Seiten frei stehende mächtige Walmbau ist der ehemalige Schüttspeicher.

Dann stehen wir vor der Kaiserpfalz, wie die Forchheimer sagen. Offiziell ist es das **Bischofsschloss**. Lamprecht von Brunn errichtete im 14. Jahrhundert den Ostflügel. Er wurde mit bemerkenswerten Wandmalereien ausgestattet. Der Westflügel stammt aus dem 16. Jahrhundert, der Treppenturm aus dem 17. Jahrhundert. Das Gebäude beherbergt heute das Pfalzmuseum bzw. das Forchheimer Stadtmuseum. Es präsentiert sehr anschaulich Forchheimer Stadt-

10

geschichte vom Mittelalter bis in die Nachkriegszeit. Das mächtige Gebäude auf der linken Seite ist das Amtsgericht, errichtet im Jahr 1896 im Stil der Neorenaissance. Ehemals befand sich in ihm das Gefängnis.

Links hinter dem Amtsgebäude befindet sich die **St.-Veits-Bastion**, ein Teil der ursprünglichen Wehranlage. Der Name »Rote Mauer« deutet auf die Sandsteinfärbung der Befestigungsanlage hin. Die Kasematten kann man besichtigen, die Bastion über eine Treppe erreichen. Von hier bietet sich ein schöner Blick auf den westlichen Stadtteil Burk mit der Pfarrkirche. Dahinter verlaufen die Hänge des Markwaldes. Rechts neben der Kaiserpfalz erhebt sich der Saltorturm, der letzte Überrest der mittelalterlichen Stadtbefestigung aus dem 14. Jahrhundert.

Über die Straße Krottental kommt man zum **Salzmagazin**, einem mächtigen dreigeschossigen Sandsteinquaderbau aus dem Jahr 1710. Prächtig anzusehen ist das Wappenportal. Kurz darauf kommen wir zur Wiesent, die sich durch Forchheim schlängelt. Genau dort befindet sich das **Katharinenspital** mit der Kirche aus dem 14. Jahrhundert. Das anschließende Spital mit einem sehr schönen Zierfachwerk wurde 1611 erbaut. Es ist die älteste und auch bedeutendste soziale Stiftung der Stadt.

Bedeutendster Bau in der Wiesentstraße ist die **Kammerersmühle** aus dem Jahr 1698, ebenfalls von Zierfachwerk geschmückt. Aufgrund seines Aussehens heißt er im Volksmund auch das »schiefe Haus«, die Straßenzüge an der Wiesent insgesamt bezeichnen die Forchheimer auch gern als »Kleinvenedig«. Zentrum ist der Ab-

Die Heiligenfigur am Magistratsbau weist den Weg zur Stadtpfarrkirche St. Martin dahinter.

Tipp

Der FachWerkPfad durch die Forchheimer Altstadt zeigt und erklärt dem Besucher den außergewöhnlichen Bestand an Fachwerkhäusern. Einen kostenlosen Stadtführer erhält man bei der Tourist-Information. Des Weiteren gibt es dort eine Broschüre für zwei kurze Touren, auf denen man mit Kindern die Stadt entdecken kann.

Die Kammerersmühle heißt auch das »schiefe Haus«. Es wurde 1698 erbaut und ist mit herrlichem Zierfachwerk ausgestattet.

schnitt des Uferweges, an dem sich die alten Fischkästen befinden. Sie zeugen davon, dass die Fischerei in Forchheim ein wichtiger Gewerbezweig war. In diesen Holzkästen wurden die Karpfen gewässert, so dass sie stets frisch auf den Tisch kamen.

Wir überqueren nun erneut die Wiesent und kommen in die Hornschuchallee. Dort geht man geradewegs auf den Forellenbrunnen zu, der ebenfalls auf die Bedeutung der Fischerei in Forchheim hinweist.

Über den Marktplatz, der auch »Saumarkt« genannt wird, sowie über den Paradeplatz gelangt man zur **Hauptwache**. Das schlichte Gebäude stammt aus dem Jahr 1800 und fällt vor allem durch seine Vorhalle mit vier dorischen Säulen auf. Das gegenüberliegende Ende des Paradeplatzes nehmen das Braunauer Heimatmuseum und die fürstbischöfliche Kommandantur ein. Über die Hauptstraße geht es zurück zum Rathaus. Die Hauptstraße ist auch gleichzeitig Fußgängerzone und Einkaufszentrum der Stadt. Hier kann man zwischen Fachwerkhäusern und modernen Läden gemütlich bummeln.

Wanderung nach Wiesenthau

Wenn man in **Forchheim** ist, dann sollte man eigentlich auch den Hausberg von Forchheim, das Walberla besteigen. Die Wanderung beginnt im Wiesengrund von Wiesent und Truppach stadtauswärts nach Süden auf der Theodor-Heuss-Allee. Man überquert die Wiesent, dann die Truppach. Gleich nach der Truppach geht man links in den Wiesengrund hinunter. Hier stößt man auf den Jakobsweg, wir folgen aber dem Verlauf der Truppach und kommen zum Ortsteil Gosberg und nach **Wiesenthau**. Wiesenthau ist bekannt für sein mächtiges Renaissanceschloss. Es ist eine dreiflügelige Anlage mit vier Ecktürmen aus der Mitte des 16. Jahrhunderts. Vorhanden sind

auch noch Reste einer Umfassungsmauer. Im Schloss befinden sich heute ein Hotel sowie ein schöner Biergarten. Im Sommer geht es im Schloss theatralisch zu: Dann findet dort der »Fränkische Theatersommer auf Schloss Wiesenthau« statt.

Der Tafelberg der »Ehrenbürg« mit den beiden Gipfeln Rodenstein und Walberla wird im Volksmund als »Walberla« bezeichnet.

Wanderung zum Walberla

Man kann, wie oben beschrieben, nach Wiesenthau wandern oder auch mit dem Auto bis hierher fahren und dann den Aufstieg auf das Walberla beginnen. Wir verlassen **Wiesenthau** über die Ehrenbürgstraße. Diese führt durch den Randbezirk des Ortes; wir folgen der Straße nach einem Verkehrsverbotsschild geradeaus und dann den Markierungen »blauer Punkt« und »blauer Diagonalstrich«. Bei der nächsten Weggabelung wenden wir uns nach links. Der Weg führt durch Wiesen und Obstgärten hinauf auf das Walberla. Wir erreichen bald einen Parkplatz, bis zu dem man auch mit dem Auto fahren könnte. Hier führt links bergan ein geteerter Weg zum Bergsattel zwischen Walberla und Rodenstein. Wir wenden uns zunächst zur Kapelle auf dem **Walberla** und von dort zum Aussichtspunkt an der Nordostecke des Berges.

Vom Walberla hat man einen schönen Blick über das fränkische Land.

Wenn die Franken von diesem markanten Tafelberg sprechen, so reden sie im Volksmund über das »Walberla«. Der offizielle Name des gesamten Bergmassives ist aber »Ehrenbürg«. Das Walberla ist nur der Teil, der von einer im 17. Jahrhundert gebauten, der Walburga geweihten Kapelle gekrönt wird. Davon leitet sich auch der volkstümliche Name ab. Die Ehrenbürg besteht aus dem 532 m hohen Rodenstein und dem 512 m hohen Walberla. Der Bergrücken wurde wegen seiner Trockenrasen und der seltenen Pflanzen unter Naturschutz gestellt. Die Besiedelung des Walberla ist schon sehr alt. Archäologische Funde weisen die Anwesenheit von Menschen bereits in der Bronzezeit (ca. 1000 v. Chr.) nach. Insbesondere die Befestigungsanlagen der Kelten (ca. 500 v. Chr.) sind heute noch zu entdecken. Das Walberla wird auch als »Tor zur Fränkischen Schweiz« bezeichnet, durchaus zu Recht, von hier aus hat man einen traumhaften Blick ins Regnitz-, Ehrenbach- und Wiesenttal. Das Gebiet ums Walberla ist bekannt für den größten geschlossenen Süßkirschenanbau in Deutschland. Dies kann man insbesondere zur Kirschblüte erleben. Das ganze Tal verwandelt sich dann in ein einziges Blütenmeer.

Ist man schon mal oben auf dem Bergrücken, sollte man auch noch hinüber zum **Rodenstein** wandern (Markierung »senkrechter Blaustrich«). Der Weg führt dann direkt hinunter in das Tal des Ehrenbaches. Wir gehen an Leutenbach vorbei, umrunden das Walberla im Süden und kommen über Schlaifhausen nach Wiesenthau zurück. Nach Forchheim gehen wir den gleichen Weg wie beim Hinweg.

Radtour um das Walberla

Mit dem Fahrrad bietet sich eine Umrundung des Walberla an. Auf dieser Tour kann man den beeindruckenden Bergrücken von allen Seiten bewundern. Die schönste Jahreszeit für diesen Ausflug ist natürlich die Zeit der Kirschblüte. Der Radweg führt von Forchheim im Wiesenttal nach **Kirchehrenbach**. Der Ort ist mehr als 1000 Jahre alt, sein zentraler Dorfplatz wird dominiert von der mächtigen Bartholomäuskirche aus dem Ende des 18. Jahrhunderts. Daneben befinden sich eine Reihe alter Fachwerkbauten. Der Radweg führt im Tal des Ehrenbachs nach Leutenbach und weiter nach **Dietzhof**, wo wir uns auf der südlichen Seite des Walberla befinden. Auf der gleichen Route wie der Wanderweg (s. o.) radeln wir nun über **Schlaifhausen** nach **Wiesenthau** und zurück nach Forchheim.

»Gott im Herzen tragen« ist die Botschaft im Buch des Pilgers.

Im Herbst sind die Bauern fleißig.

2

Durch die Täler von Wiesent und Leinleiter

Wanderung und Radtour von Gasseldorf nach Streitberg

■ **Ausgangspunkt** Ebermannstadt-Gasseldorf
■ **Anfahrt**
Auto A 73, Ausfahrt Forchheim-Süd bzw. -Nord, B 470 bis Ebermannstadt.
Bahn Bahnverbindungen ab Nürnberg bzw. Bamberg.
■ **Streckenlänge**
Wanderung Gasseldorf – Veilbronn – Streitberg – Gasseldorf: 13 km – 5 Std.
Radtour Gasseldorf – Veilbronn – Streitberg – Siegritz – Oberfellendorf – Gasseldorf: 13 km – 2 Std.
■ **Highlights** Stadtrundgang durch Ebermannstadt; Gasseldorf und »Hunnenstein«; Schloss und Parkanlage in Unterleinleiter; Felsenensemble bei Veilbronn, Burgruine Streitberg, Binghöhle
■ **Tourist-Info** Verwaltungsgemeinschaft Ebermannstadt, Rathaus, Franz-Dörrzapf-Str. 10, 91320 Ebermannstadt, Tel. 09194/506-0, www.ebermannstadt.de

Ebermannstadt ist das Eingangstor zur Fränkischen Schweiz. Beim Rundgang durch die etwas versteckt liegende sehenswerte Altstadt findet man viel fränkischen Charme. Eine Wanderung durch das Leinleitertal rundet den Besuch des staatlich anerkannten Erholungsortes ab.

Stadtrundgang durch Ebermannstadt

Bereits 1981 feierte die Stadt ihr 1000-jähriges Bestehen. Die traditionsreiche Altstadt besitzt viele sehenswerte Fachwerkhäuser. Besonders schön ist der **Marktplatz**, an dem man gut mit dem Rundgang beginnen kann. 1323 erhielt der Ort die Stadtrechte, die das Abhalten von Vieh-, Pferde- und Schweinemärkten beinhalteten. Da man hierfür mehr Platz benötigte, wurde der Marktplatz erweitert. 1998 machte man sich an die Neugestaltung der Hauptstraße und des Marktplatzes. Dabei fügte man, wie bereits im 19. Jahrhundert angelegt, wieder zwei Brunnen in den Platz ein. Der neue Marienbrunnen wurde dem alten Vorbild aus dem Jahr 1867 nachempfunden.

Schön gestaltete Fachwerkhäuser prägen Ebermannstadt.

Die Anlage der Stadt mit ihren Straßen und Plätzen ist seit dem Mittelalter weitgehend unverändert, wenngleich natürlich auch die Kriege nicht spurlos an Ebermannstadt vorbeigegangen sind. Im 30-jährigen Krieg wurde das Rathaus auf dem Marktplatz und mit ihm das Archiv der Stadt zerstört. Bald nach Kriegsende errichtete man ein neues Rathaus, das jedoch nicht so solide gebaut war und wegen Baufälligkeit Mitte des 19. Jahrhunderts abgerissen werden musste. Daraufhin wurde ein Sandsteinbau errichtet.

Das gesamte Ensemble der Altstadt steht unter Denkmalschutz wie auch viele der Fachwerkhäuser. Das älteste Gebäude der Stadt ist die **Marienkapelle** (etwa 13. Jh.), ein gotischer Bau, dessen Inneres man später barockisiert hat. Sehenswert sind das Deckengemälde im Chor und auch die Bemalungen von Empore und Decke (1687/88). Der Turm ist als Wehrturm ausgebaut.

Zentrum von Ebermannstadt ist der Marktplatz.

17

Tipp

In Ebermannstadt gibt es zwei Brauereien, die einen Besuch lohnen: Brauerei Schwanenbräu mit Biergarten, Am Marktplatz 2, Tel. 09194/209, www.schwanenbraeu.de; Brauerei Sonnenbräu im ehemaligen »Kommunbrauhaus«, Hauptstr. 29, Tel. 09194/90 93.

Die **Stadtpfarrkirche St. Nikolaus** wurde 1859 eingeweiht. Ursprünglich stand auf diesem Platz eine mit Wachtürmen versehene Wehrkirche. Sie musste jedoch wegen Baufälligkeit abgerissen werden.

Auch das **Scheunenviertel** steht unter Ensembleschutz. Es hat eine durchaus interessante Baugeschichte. Der Rat der Stadt hatte in einem Bebauungsplan festgelegt, dass neben den Stadthäusern nur Stallungen und kleinere Anbauten erlaubt waren. Die Scheunen mussten aus Gründen des Brandschutzes außerhalb errichtet werden. Das war damals sehr fortschrittlich und vorhersehend gedacht, denn tatsächlich brannten im Jahr 1900 nach einem Blitzeinschlag 24 Scheunen ab. Die Stadt blieb jedoch verschont.

Wanderung durch das Leinleitertal

Von Gasseldorf nach Veilbronn Mit der Wanderung beginnen wir in **Gasseldorf**. Der Ort liegt am Zusammenfluss des Leinleiterbaches mit der Wiesent. Hinter dem Ort erhebt sich ein steil aufsteigender Tafelberg, den der Volksmund aufgrund einer alten Sage »Hunnenstein« nennt. Fast könnte man meinen, es sei eine Burganlage. Von ihm hat man eine hervorragende Aussicht ins Wiesent- und Leinleitertal.

Von der Bushaltestelle überqueren wir die Verbindungsstraße nach Unterleinleiter und halten uns zunächst rechts bis zum halb links aufwärtsführenden Druidenweg mit der Markierung »gelbe Raute«. Zuerst folgen wir der geteerten Straße, die in einen Schotterweg übergeht, der langsam ansteigt. Wir wandern entlang des Leinleiterbaches, dann führt der Weg hinein in den Wald. Wir passieren einen leicht ansteigenden Hohlweg und überqueren eine kleine Schlucht. Der Weg führt über Wiesen und Felder, bis er uns schließlich abwärtsführt. Der Kirchturm von Unterleinleiter dient als Orientierungspunkt.

Unterleinleiter markiert im Leinleitertal die Einmündung des Dürrbaches in die Leinleiter. Die Höhenzüge des Fränkischen Jura umgeben den Ort. Wiesen und Äckern prägen das Tal, Mischwald die Höhen. Der Ort besitzt zwei Pfarrkirchen und ein Schloss. Die ev. **Bartholomäuskirche** neben dem Schloss ist die ältere der beiden Kirchen. Der Bau lässt sich bis ins 11. Jahrhundert nachweisen. Interessant ist ein Grabmal der Ritter von Streitberg aus dem Jahr 1629. Die andere Kirche ist wesentlich jüngeren Datums (1841), es ist die kath. **Peter-und-Paul-Kirche**. Dominiert wurde der Ort über viele Jahrhunderte – nicht nur optisch – vom Schloss. Die Herren Motschiedler von Gerau werden in einer Urkunde von 1372 als erste

Auf schattigen Wegen wandert man hinauf zur Streitburg.

Der alte Mast auf der Burg zeigt die Windrichtung an.

Besitzer genannt. In den Dorfannalen wird berichtet, dass 1690 fast das ganze Dorf ein Opfer der Flammen wurde und dabei auch das Schloss mit zu Grunde ging. Es wurde wieder aufgebaut und erhielt um 1770 seine heutige Form. Damals gehörte der Bau samt Ländereien dem Freiherrn von Seckendorff. In dem Schloss wurde außerdem Kulturgeschichte geschrieben. Gerne berichtet man vom August 1780, als die damals 19-jährige Charlotte von Kalb, die Freundin der Dichter Schiller und Jean Paul, bei der Frau Geheimrat von Seckendorff zu Besuch weilte. Im Jahr 1952 gaben die Freiherren von Seckendorff ihr Schloss und ihren gesamten Besitz in Unterleinleiter auf. Schloss und Park sind nach wie vor in Privatbesitz, daher kann zumindest das Schloss selbst nicht besichtigt werden. Aber die schön gestaltete Parklandschaft ist den Besuchern zugänglich. Ziel der Besitzer ist es dabei, die Gartenanlage nicht einfach nach historischen Vorbildern zu gestalten, sondern sie in einem modernen Gartenbaustil weiterzuentwickeln. Moderne Kunstwerke passen sich nunmehr gut in die Parklandschaft ein. Im Schlosspark finden in den Sommermonaten Klassik-Openair-Veranstaltungen statt.

In Unterleinleiter folgt man der Markierung »schwarzer Punkt auf gelbem Grund«. Wir wandern auf dem **Veilbronner Höhenweg** und kommen auf ein weites Hochplateau mit wunderbaren Ausblicken auf die umliegenden, fast 500 m hohen Bergrücken der Fränkischen Schweiz. Von der Höhe führt die Straße hinunter zur Ortschaft Veilbronn.

Veilbronn ist ein Ortsteil von Heiligenstadt und liegt im Tal der Leinleiter sehr romantisch zwischen fantasievoll anmutenden Felsen. Der Name ist seit 1154 nachgewiesen und leitet sich wohl von den »vielen Brunnen« ab. Von dem einstigen Wasserschlösschen, das erst Anfang dieses Jahrhunderts abgetragen wurde, ist nur noch ein Fragment erhalten geblieben. Nur 74 Einwohner wohnen heute in dem Dorf und leben in erster Linie vom Tourismus.

Einkehrtipp

Gut einkehren kann man in Veilbronn bei Sponsel-Regus Superior. Aus der Chronik geht hervor, dass das Haus seit 1760 im Familienbesitz ist. Der Landgasthof wurde im Laufe der Zeit umgebaut und mehrmals erweitert.

Von Veilbronn zur Binghöhle In Veilbronn folgen wir der Markierung des **Frankenwegs** ins Leidingshofer Tal. Wir kommen vorbei an schönen Felsformationen, wofür diese Täler berühmt sind. Der Weg durch dieses wunderbare Tal ist mit den Symbolen des Frankenweges gekennzeichnet. Der Pfad steigt an und führt neben einem einzeln liegenden Felsbrocken hinaus auf das freie Feld. Oben verlassen wir den Frankenweg und folgen der Markierung »gelbes Dreieck«. Wir erreichen Störnhof und folgen der Markierung bis zur **Burgruine Streitberg**. Wir durchqueren den Innenhof und haben dann herrliche Ausblicke nach allen Seiten. Linker Hand sehen wir die Burgruine Neideck, dahinter das Wiesenttal, rechts erkennt man bei guter Sicht hinter Ebermannstadt sogar das Walberla.

Es gibt eine Vielzahl von Wanderwegen.

Die Burg selbst hat eine bewegte Vergangenheit. Das Rittergeschlecht von Streitberg erbaute eine erste Anlage bereits vor 1120 als Stammsitz in kriegerischen Zeiten. 1508 kauften Markgrafen von Brandenburg-Kulmbach die Burg und konnten sie fast 300 Jahre halten. Im Jahre 1553 – nur einen Monat nach der Zerstörung der gegenüberliegenden Burg Neideck durch die »Markgräflichen« – wurde die Streitburg ebenfalls in Schutt und Asche gelegt. Bis 1565 wurde sie mit Fleiß wieder aufgebaut, aber nur, um im 30-jährigen Krieg erneut geplündert und bis auf die Grundmauern niedergebrannt zu werden. 1803 fiel sie an das neue Königreich Bayern, 1812 erwarben sie die Streitberger Bürger. Die konnten mit der zerstörten Burganlage jedoch wenig anfangen und nutzten sie als Steinbruch. So verkam sie bald zur heutigen Ruine. Wenigstens den schönen Blick jedoch konnte niemand zerstören.

Unter der Ruine liegt die Kirche von Streitberg.

Wir nehmen nun den Weg hinunter in das Fachwerkdorf Streitberg, das wir von der Burg schon ausgiebig betrachten konnten. **Streitberg** ist klein, hat aber einen schönen Marktplatz. Der Ort selbst ist neben der Ruine Streitberg vor allem wegen der Binghöhle berühmt, deren Zugang sich direkt in Streitberg befindet. Im Jahre 1905 wurde die **Binghöhle** von dem Nürnberger Kommerzienrat Ignaz Bing entdeckt und erschlossen. Sie erstreckt sich über eine Länge von 300 m durch das Erdinnere und kann gefahrlos durchwandert werden. Die Binghöhle ist bekannt für ihre fantastischen Tropfsteingebilde, die auch als Tropfstein-Galerie bezeichnet werden.

Bekannt ist in Streitberg die Binghöhle wegen ihrer Tropfsteingebilde.

Die dritte »Sehenswürdigkeit« von Streitberg ist der Streitberger Bitter. Die Alte Kulturhausbrennerei Hans Hertlein hat dem Streitberger Bitter, ihrem Hauptprodukt, zu Weltruhm verholfen. Der kräftig-würzige Kräuterlikör besteht aus einer ausgewogenen Kombination von 53 Kräutern, Beeren, Wurzeln und Rinden und weiteren 20 Ingredienzien, darunter Fruchtsäfte und Fruchtweine. Die genaue Zusammenstellung ist natürlich ein streng gehütetes Geheimnis. Dieser Bitter wurde das erste Mal 1898 hergestellt, er wird vor dem Essen als Aperitif getrunken oder ganz klassisch nach dem Essen als Digestif.

Von Streitberg führt die Straße entlang der Wiesent zurück nach Gasseldorf, dem Ausgangspunkt unserer Wanderung.

Radtour durch das Leinleitertal

Auch Radfahrer können eine ähnliche Tour machen. Der Start ist ebenfalls in Gasseldorf. Der Radweg führt jedoch auf der anderen Seite des Leinleiterbaches entlang. In Unterleinleiter und in Veilbronn stößt man jeweils auf den Wanderweg. Von Veilbronn führt der Radweg nach **Siegritz** und beschreibt einen etwas weiteren Bogen über **Leidingshof** und **Oberfellendorf**. Dort kann man ein kurzes Stück die Straße nehmen und direkt nach Streitberg hinabradeln. Oder man fährt durch herrliche Landschaft nach Neudorf und dann hinunter ins Wiesenttal. Der Radweg überquert die Wiesent und führt auf der anderen Seite des Flusses nach **Streitberg**. Hier kann man entweder wieder die Wiesent überqueren, Streitberg besuchen und auf dieser Seite nach Gasseldorf radeln. Oder man bleibt auf der anderen Flussseite und radelt noch bis **Ebermannstadt**, um dort den Wiesengrund zu überqueren und zurück nach **Gasseldorf** zu fahren.

Durch dieses Tor betritt man die Burgruine.

3

Rund um Heiligenstadt und Aufseß

Zwei Wanderungen mit Stadtrundgängen

■ **Ausgangspunkt** Heiligenstadt in Oberfranken
■ **Anfahrt**
Auto: A 70 Bamberg–Bayreuth, Ausfahrt Rossdorf, dann Landstraße nach Heiligenstadt. Von Forchheim B 470 Richtung Ebermannstadt, dann Landstraße bis Heiligenstadt.
Bahn Bis Bhf. Bamberg, von dort Busverbindungen nach Heiligenstadt.
■ **Streckenlänge**
Wanderung 1 Heiligenstadt – Brunn – Oberaufseß – Aufseß – Schloss Greifenstein – Heiligenstadt: 23 km – 6:30 Std.
Wanderung 2 Brauereiweg rund um Aufseß: 14 km – 3:30 Std.
■ **Highlights** Stadtbesichtigung Heiligenstadt; in Burggrub das Schloss der Grafen Stauffenberg, die Heroldsmühle und das Trockental; das alte Burgschloss in Oberaufseß; Burg Greifenstein und ein wunderbarer Ausblick; Stadtbesichtigung Aufseß mit Burg
■ **Tourist-Info** Gemeindeverwaltung Markt Heiligenstadt, Marktplatz 20, 91332 Heiligenstadt, Tel. 09198/92 99-0, www.markt-heiligenstadt.de

Heiligenstadt liegt mitten in der Fränkischen Schweiz im Leinleitertal und ist ein beliebtes Ferienziel. In dieser Stadt erlebt der Besucher sowohl fränkische Geschichte als auch eine sehr lebendige Gegenwart. Zwei Brauereiwanderwege führen genussvoll in die umliegenden Ortschaften.

Stadtrundgang durch Heiligenstadt

Der Name Heiligenstadt trügt etwas: Es handelt sich nicht um eine Stadt, sondern um einen Markt mit 24 Gemeindeteilen. In den letzten Jahren hat sich die Marktgemeinde deutlich herausgeputzt. Zentrum des Ortes ist der **Markt** mit seinen denkmalgeschützten Häusern und seiner historisch interessanten Kirche. Die ev. **St.-Veit-und-St.-Michaels-Kirche** war zunächst als Zehntscheune erbaut worden und der frei stehende Glockenturm fußt auf den Resten einer früheren Burg. Sehenswert ist der Marktbrunnen eigentlich immer, aber besonders zur Osterzeit wird er viel besucht. Die Heiligenstädter pflegen noch die alte Tradition und schmücken ihren Brunnen be-

In Heiligenstadt wurde die alte Schule zum Rathaus umgebaut und der historische Marktplatz neu gestaltet.

24

sonders festlich. Er ist einer der schönsten Osterbrunnen in der Region. Für die Menschen im Mittelalter war Wasser aus Quellen, Brunnen und Zisternen eine unabdingbare Voraussetzung für das Leben. Daraus hat sich eine besondere Achtung gegenüber dem Brunnen in der Mitte des Ortes entwickelt und deshalb wird er auch heute noch mit viel Liebe geschmückt. Am Marktplatz befindet sich außerdem das Rathaus, ehemals die alte Schule. In der alten Örtelscheune wurde das Haus der Bürger eingerichtet.

Die St.-Veit-und-St.-Michaels-Kirche überragt den Ort.

Vom Brunnen ist es nur ein kurzer Weg zu der ersten Brauerei, gleich gegenüber befindet sich das Drei Kronen Bräu. Der Volksmund hat sicherlich recht, wenn er behauptet, »wo es gutes Wasser gibt, gibt es auch gutes Bier«.

Das fränkische Gestüt bietet beste Bedingungen für seine Pferde.

Brauereien am Weg

Brauerei Ott, Heiligenstadt, Oberleinleiter 6, Tel. 09198/271, www.brauerei-ott.de; Brauerei Rothenbach, Aufseß, Im Tal 70, Tel. 09198/929 20, www.brauerei-rothenbach.de; Drei Kronen Bräu, Heiligenstadt, Marktplatz 5, Tel. 09198/522.

Wanderung 1: Auf dem Heiligenstädter Brauereiweg

Von Heiligenstadt nach Aufseß Heiligenstadt hat wie auch viele andere Orte der Region eine lange Brauhistorie. Übrig geblieben sind heute viele Kleinbrauereien, die die Region für Bier-Feinschmecker besonders attraktiv gemacht haben. In der Folge hat man verschiedene Brauerei-Wanderwege ausgewiesen. Einem dieser Brauereiwege folgen wir von **Heiligenstadt** aus. Der Brauereiweg nach Aufseß und zurück ist unter diesem Namen gut ausgeschildert. Unterwegs kann man in einigen Brauereien einkehren und sich stärken.

Der Weg führt zunächst rechter Hand der Landstraße nach Oberleinleiter durch Felder und Wiesen. Links liegt an der Straße der Ort Zoggendorf. Dann kommt der Weg bei Burggrub wieder auf die Straße.

Burggrub ist ein Ortsteil von Heiligenstadt. Die erste urkundliche Erwähnung dieses Dorfes stammt aus dem Jahr 1136. Heute noch ist das im 15. Jahrhundert erbaute Schloss der Grafen Stauffenberg das markanteste Bauwerk des Kirchdorfs. Der Wanderweg führt hinauf zum Aussichtspunkt Kreuzstein und dann weiter hinunter nach **Oberleinleiter**.

Wir verlassen Oberleinleiter und folgen unserem Symbol zur Heroldsmühle. Sie befindet sich am Eingang zu einem Trockental. In der Mühle wird zwar nicht mehr gemahlen, aber ein großes Mühlrad ist nach wie vor beeindruckend. In der Nähe der Mühle befindet sich auch die Quelle der Leinleiter. Von der Mühle aus betreten wir ein Trockental, durchaus eine Besonderheit des Karstgebiets. In diesem Tal gibt es nämlich keinen Bach. Nur nach starken Niederschlägen sprudelt aus zwei normalerweise trockenen Karstquellen Wasser und verwandelt das Tal in einen kleinen Fluss.

Die Aufseßer halten den Weltrekord in der Brauereidichte.

Unser Wanderweg führt durch schönen Wald nach Brunn, dann über Ackerland und Wiesen bis nach **Oberaufseß**. Wir befinden uns hier, wie der Name besagt, im Aufseßtal. In Oberaufseß befindet sich ein altes Burgschloss. Nur noch ein kurzes Stück im Tal und wir erreichen **Aufseß**.

Der Name Aufseß kommt von »auf dem Felsen sitzen« und beschreibt damit die Lage der Burg Aufseß. Die Burgherren, die Familie Aufseß, kontrollierte in früheren Jahrhunderten von dieser Burg aus wichtige Straßenverbindungen, so die Ost-West-Verbindung und die Straße

Fachwerkhaus in Aufseß

entlang des Aufseßtals von Süd nach Nord. Die Burg-anlage war im Mittelalter wesentlich größer und glich fast einem kleinen Städtchen, heute besteht nur noch die innere Burg. Der optische Mittelpunkt ist der viereckige Bergfried mit dicken Mauern und ganz ohne Fenster. Die Besonderheit an diesem Turm war, dass sich ganz oben ein Wächterhaus befand, das man nur von außen über eine Stickleiter erreichen konnte. Seit 1309 existiert in der Burg eine dem heiligen Pankratius gewidmete Kapelle. In dieser Kapelle befindet sich übrigens auch das Grabmal von Hans von Aufseß, dem Gründer des Germanischen Nationalmuseums in Nürnberg.

Zwischen den Eigentümern der Stammburg, den Brü-dern Friedrich und Carl Heinrich von Aufseß, kam es um 1677 zu Streitigkeiten. Der Letztere entschloss sich daher im Jahre 1690, auf einem Berg eine Viertel-stunde oberhalb der Stammburg ein neues Schloss mit Mauern und Türmen zu erbauen, welches er Ober-aufseß nannte.

Die Burg Aufseß ist der Stammsitz der Familie von Aufseß.

Von Aufseß zurück nach Heiligenstadt Nach einer Stärkung im Brauereigasthof Rothenbach setzen wir unsere Wanderung fort. Die letzte Etappe bis nach Heiligenstadt führt weitgehend über schattige Waldwege durch den Unteraufseßwald. Er ist gut ausgeschildert und erreicht zunächst Schloss Greifenstein.

Das wunderbar gelegene **Schloss Greifenstein** ist bestens erhalten, hat eine imponierende Silhouette und thront auf einem Felsenberg. Vom Schloss genießt man eine schöne und weite Aussicht in die Um-gebung. Die mächtige Burg ist wegen ihrer Größe und ihres weißen Anstrichs schon von weitem zu erkennen. In ihren Mauern ist man umgeben von 800 Jahren Geschichte. Erstmals erwähnt wird der Name Greifenstein 1172. Der Geistliche Eberhard de Grifenstein vom Domstift Bamberg ließ die Burg erbauen. Ende des 17. Jahr-hunderts kaufte Sebastian Schenk von Stauffenberg, Fürstbischof von Bamberg, die Burg, die bereits zur Halbruine verfallen war. Er baute sie mit großem Aufwand zum Jagdschloss um. Wenig später wurde das Schloss unter Leitung des Architekten Leonhard Dient-zenhofer barock umgestaltet. Die Grafen von Stauffenberg sind auch heute noch im Besitz von Schloss Greifenstein.

Die Bank bietet eine gute Gelegenheit für eine Rast.

Der Wanderweg führt schließlich vom Schloss Greifenstein steil hi-nunter und zurück nach **Heiligenstadt**.

Wanderung 2: Brauereienweg rund um Aufseß

Aufseß hat einen eigenen Brauereienweg. Zu Recht, denn die Bewohner von Aufseß halten einen wichtigen Weltrekord, nämlich den der größten Brauereidichte. Vier Brauereien kommen auf 1500 Einwohner. Der Weltrekord wurde im Jahr 2000 aufgestellt und dokumentiert. Der Rundweg ist 14 km lang und führt an vier Brauereien vorbei. Die Gemeinde Aufseß besteht aus zehn Gemeindeteilen, von denen einige durch den Wanderweg miteinander verbunden sind.

Die **erste Etappe** führt von Aufseß nach **Sachsendorf**. Der Weg ist 5 km lang und führt durch das idyllische Aufseßtal, vorbei an den Schlössern Unter- und Oberaufseß. Bei Neuhaus und Sachsendorf erreicht man eindrucksvolle Felsenformationen. Die in den Himmel ragenden Felsen tragen fantasievolle Namen wie »Himmelssteuberer«, »Alter Fritz«, »Taschnersfelsen«. In **Sachsendorf** findet man die Brauerei Stadter (Ruhetag: Montag). Der Klassiker, das Sachsendorfer Landbier, wird dort immer noch ohne moderne Technik gebraut. Der

Die Burg Aufseß mit dem viereckigen Bergfried ist eine imponierende Anlage.

Friedlich ruht der See.

gut gehopfte, würzige Gerstensaft ist selbst über die Grenzen Oberfrankens bestens bekannt. Bei den Erlebnistagen in den Sommermonaten können Besucher die traditionelle Brauweise kennen lernen und den Gerstensaft sogar selbst brauen.

Die **zweite Etappe** führt von Sachsendorf auf einem 5 km langen Weg über Flur und Wald fernab befahrener Straßen nach **Hochstahl**. In Hochstahl befindet sich die Brauerei Reichold (Ruhetage: Montag, Dienstag), seit 1906 im Familienbesitz. Im Brauereigasthof kommt der Bierliebhaber des Fränkischen Lagerbiers auf seine Kosten.

Die **dritte Etappe** führt von Hochstahl nach **Heckenhof**. Nur 2 km ist die Strecke kurz, dann wartet schon der Biergarten des Kathi-Bräu (kein Ruhetag) auf Gäste. Die Brauerei ist seit 30 Jahren der bekannteste Motorradtreffpunkt in der Fränkischen Schweiz. Willkommen sind aber alle, auch Wanderer und Familien.

Die **vierte Etappe** führt uns wieder zurück nach **Aufseß**. Dort kann man zum Abschluss im Brauereigasthof Rothenbach einkehren.

4

Egloffstein, ein Genuss der Sinne

Wanderung und Radtour nach Hundshaupten

■ **Ausgangspunkt** Egloff-stein
■ **Anfahrt**
Auto A 73 Nürnberg–Bamberg, Ausfahrt Forchheim-Süd bzw. -Nord, B 470 Richtung Ebermannstadt, dann Abzweig auf Landstraße über Wiesenthau nach Egloffstein.
Bahn Ab Forchheim Regionalbahn nach Pretzfeld, dann Busverbindung nach Egloffstein.
■ **Streckenlänge**
Wanderung Egloffstein – Wildgehege Hundshaupten und zurück: 8 km – 2:30 Std.
Radtour Egloffstein – Ehrenbachtal – Wildgehege Hundshaupten – Egloffstein: 18 km – 3 Std.
■ **Highlights** Stadtbesichtigung und Burg Egloffstein; Wildgehege in Hundshaupten
■ **Tourist-Info** Markt Egloffstein, Badstraße 166, 91349 Egloffstein, Tel. 09197/629 20, www.egloffstein.de

Egloffstein liegt im idyllischen Trubachtal und wird vom uralten Stammschloss der Freiherrn von Egloffstein überragt. Die Häuser des Ortes schmiegen sich terrassenförmig an den Hang. Mit einer schönen Wanderung bzw. Radtour lässt sich der Besuch des Wildgeheges in Hundshaupten verbinden.

Besichtigung von Burg Egloffstein

Zwar stammen die ersten urkundlichen Erwähnungen erst aus den Jahren 1180 und 1184, aber man kann zu Recht vermuten, dass die Burg bereits vor 1180 als Stammsitz der **Herren von Egloffstein** bewohnt wurde. Die Burganlage wurde mehrmals zerstört, erneut aufgebaut, erweitert und erhielt wohl endgültig im 18. und 19. Jahrhundert die heutige Gestalt.

Besonders interessant ist die Tatsache, dass die Anlage eine so genannte Ganerbenburg ist. Im 14. und 15. Jahrhundert bewohnten zeitgleich mehrere Mitglieder des Adelsgeschlechts die Burg, die aus diesem Grund mehrere Kemenaten in der Vor- und Hauptburg auf-

Egloffstein wird geprägt von der Burganlage und ihren Nebengebäuden.

wies. Jeder Familienzweig erbaute sich in einer solchen Anlage meist ein eigenes Wohngebäude innerhalb einer gemeinsamen Ringmauer. Es geschah aber auch, dass darüber hinaus diese Wohnsitze zu regelrechten eigenständigen Burgen innerhalb der Gemeinschaftsburg ausgebaut wurden. Dies kann man noch gut erkennen: Der lang gestreckte Bau an der Südseite der Hauptburg (aus dem 15. Jh.) ist so eine eigenständige Burg in der Burg. Ihre Südwestecke verstärkte man um 1500 durch einen schlanken Flankierungsturm.

Die Burganlage von Egloffstein ist eine Ganerbenburg mit mehreren Kemenaten.

Neben den Kemenaten der einzelnen Besitzer gibt es in der Burg noch gut erhaltene Stallungen, Zisternen, eine Badstube und ein Backhaus. Die Schlosskapelle war in die untere Kemenate eingebaut.

Ein Graben und eine westlich vorgelagerte Schildmauer sollten die Burg gegen das höher liegende Gelände absichern. Westlich dieser Maueranlage befindet sich der

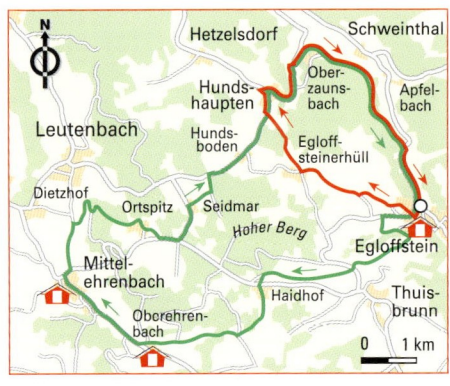

Tipp

Das Standesamt von Egloff-stein befindet sich inner-halb der Burgmauern. Hier kann man in historischen Gemäuern den Bund fürs Leben schließen.

ebenfalls ummauerte vordere Vorhof. Im Mittelalter konnte man die Burg nur durch diesen Vorhof erreichen. Ein Tor in der Schildmauer führte zu einer Holzbrücke über den Graben zur Oberburg. Noch heute kann man das zugemauerte Schlosstor erkennen. Es befindet sich an der Außenwand des jetzigen Küchenbaues. Der Graben war früher wesentlich tiefer; er ist im Laufe der Zeit aufgefüllt worden. Der älteste Teil der Burg ist der majestätische Wohnturm, eine vier-geschossige Kemenate. Er stammt wahrscheinlich aus dem 12. Jahr-hundert. Burg Egloffstein ist noch heute Hauptsitz des gleichnami-gen Geschlechts.

Kellerbesichtigungen Neben einer Burgbesichtigung kann man auch das Innere des Burgberges erkunden. Auf einer Fläche von ca. 12 000 m² ist der Burgberg hohl. Der Grund dafür ist relativ einfach: Die oberen Gesteinslagen bestehen aus weißgelbem bis hellgrauem Kalk- und Dolomitgestein. Die darunter liegende ca.

In solch einem Fachwerkhaus lässt es sich bestens leben.

15 m starke Schicht besteht aus
gelb- bis rotbraunem Sandstein.
Aus den Sandsteinvorkommen
kann man relativ einfach Sand
zum Beispiel für das Baugewerbe
entnehmen. Aus diesem Grund
wurden tiefe Stollen in den Berg
gegraben. Im frühen Mittelalter
nutzte man die Keller als Zu-
fluchtsstätte im Kriegsfall. Später
lagerten die Egloffsteiner Wirte
und Brauer in den Kellern ihre
Biere. Von den Eingängen führen
14 gewaltige Kellergänge in einer
Ausdehnung von rund 700 m in
das Innere des Berges. Einer der
Eingänge befindet sich bei einer

Der Wanderweg führt auch an mächtigen Holzstapeln vorbei.

Scheune, die am so genannten Witwensitz liegt (Haus Nr. 22). Von
hier kann man die Keller entdecken. Sie sind offen und können
auch auf eigene Faust besichtigt werden.

Wanderung zum Wildgehege in Hundshaupten

Der Wanderparkplatz gegenüber des Hotels Häfner ist als Ausgangspunkt gut geeignet. Wir kommen an der Schule vorbei, überqueren
zwei Trubach-Brücken und erreichen den Gasthof »Zur Post«. Über
das Heidgässchen kommen wir zum Marktplatz, gehen geradewegs
weiter hinauf zur Burg und durchqueren den Burghof. Das ist ein
guter Anlass, die Burg zu besichtigen und in aller Ruhe den schönen Blick zu genießen. Wir gehen am Amtshaus vorbei und biegen
beim Haus Egilolfstraße Nr. 75 rechts Richtung »Zaunsbacher Berg«
ab. Der Weg führt durch eine malerische Landschaft, Felder und
Kirschgärten breiten sich bis zum »Zaunsbacher Wald« aus. Der Weg
ist mit einem »roten Punkt« markiert und führt etwa einen Kilo-
meter durch den Wald, dann über Wiesen zu dem Feldweg, der
Egloffsteinerhüll und Hundshaupten verbindet. Wir halten uns auf
diesem Weg rechts und kommen nach **Hundshaupten**, das für sein
Tiergehege bekannt ist. Aber auch das **Schloss** ist sehenswert.
Eine erste Wehranlage wird 1369 das erste Mal urkundlich erwähnt.
Damals gehörte der Vorgängerbau des heutigen Schlosses den Herren von Wiesenthau. Im 30-jährigen Krieg wurde das Schloss ver-
mutlich nur gering beschädigt. 1661 erwarb den Bau ein gewisser

Info

Wildpark Hundshaupten,
Zaunsbacher Straße 62,
Tel. 09197/241, www.wild-
park-hundshaupten.de,
tgl. 9–18 Uhr geöffnet.

Freiherr von Pölnitz auf Aschbach. 1670 wurde der erste von Pölnitz auf Hundshaupten von Kaiser Leopold in den erblichen Reichsfreiherrenstand erhoben. Seit dieser Zeit bis heute lebt die Familie derer von Pölnitz in dem Schloss. Im Lauf der Jahre wurde das Schloss Hundshaupten zu einem wohnlichen barocken Landsitz umgestaltet.

Besuch des Wildgeheges in Hundshaupten Durch den Ort erreicht man das Wildgehege. Das Wildgehege wurde im Jahre 1971 von der Freifrau von Pölnitz gegründet und 1991 vom Landkreis Forchheim übernommen. Im weitläufigen Waldgelände werden einheimische Tierarten gehalten, darunter Wildschweine, Steinböcke, Mufflons, Gämsen, Damhirsche, Zwergziegen, Hängebauchschweine und Wisente. Die naturbelassenen Gehege fördern auf geschickte Art und Weise die Begegnung von Mensch und Tier. Besucher können zum Beispiel Steinböcke und Gämsen in natürlicher Felswand beobachten. Wanderwege und Naturpfade erschließen dieses Wildgehege. Es gibt außerdem ein Haustiergehege mit Ziegen, Enten und Hühnern. Die Wild-, Woll- und Albrecht-Dürer-Schweine leben in Gehegen am Eingang. Zudem kann man ein Fuchsgehege besuchen und bald auch Wölfe und Luchse entdecken. Kinder freuen sich zudem über einen schönen Spielplatz und die Eltern erholen sich im Restaurant mit Terrasse.

Rückweg nach Egloffstein Auf dem Rückweg gehen wir ein Stück auf der Straße nach Oberzaunsbach und biegen dort nach dem ersten Haus rechts ab. Wir folgen der Markierung »grüner waagrechter Strich« durch das Trubachtal. Durch den Rabensteiner Wald kommen wir zurück nach Egloffstein.

Radtour nach Hundshaupten

Mit dem Fahrrad kann man eine etwas längere Tour machen. Von Egloffstein führt der Radweg nach Haidhof, Oberehrenbach und Mittelehrenbach. Er verläuft im Tal des Ehrenbachs. Die Landschaft ist ein absoluter Genuss. Kurz vor Dietzhof wendet er sich nach Osten und erreicht über Ortspitz, Seidmar und Hundsboden den Wildpark und das Schloss von Hundshaupten. Dieser Teil des Radweges ist gut ausgebaut, teilweise verläuft er auch über wenig befahrene Autostraßen. Von Hundshaupten sind Rad- und Wanderweg teilweise identisch, ansonsten verlaufen sie nebeneinander. Zurück nach Egloffstein geht es durch das wunderbare Trubachtal.

Einkehr-Tipp

Der Gasthof Schlehenmühle befindet sich seit drei Generationen im Familienbesitz. Ursprünglich eine Mühle, wurde das idyllisch gelegene Anwesen im Jahr 1956 aufwändig in eine gemütliche, familiäre Pension und Gaststätte umgebaut. Das Anwesen liegt in einem romantischen Tal am Rande der Gemeinde Egloffstein inmitten unverfälschter Natur.
Neben fränkischen Spezialitäten sind auch die Kuchenspezialitäten bekannt, die man bei schönem Wetter auf der Terrasse oder im gemütlichen Biergarten genießen kann (Egloffstein, Schlehenmühle 1, Tel. 09197/291).

Der Ort Egloffstein breitet sich am Hang aus. Über ihm erhebt sich die Burganlage.

5

Auf dem Fünf-Seidla-Steig

Wanderweg von Weißenohe über Gräfenberg nach Thuisbrunn

■ **Ausgangspunkt** Weiße-
nohe
■ **Anfahrt**
Auto Von Nürnberg über
B 2 Richtung Gräfenberg
bis Weißenohe.
Bahn Von Nürnberg Bhf.
mit der Gräfenbergbahn bis
Bhf. Weißenohe.
■ **Streckenlänge**
Wanderung Weißenohe –
Gräfenberg – Thuisbrunn:
10 km – 3 Std.
■ **Highlights** Kloster in
Weißenohe; Stadtrundgang
Gräfenberg; Burganlage in
Thuisbrunn
■ **Tourist-Info** Verwal-
tungsgemeinschaft Gräfen-
berg, Tourismusamt, Kirch-
platz 8, 91322 Gräfenberg,
Tel. 09192/709-0,
www.graefenberg.de

Weißenohe, Gräfenberg und Thuisbrunn kann man schön über den »Fünf-Seidla-Steig« erwandern und dabei bei fünf Privatbrauereien einkehren. Der Weg führt durch herrliche Landschaft mit alten Kirschgärten, einem mäandernden Flüsschen und weiten Ausblicken ins Fränkische Land.

Wanderung auf dem Fünf-Seidla-Steig

Besichtigung von Weißenohe Das Ortsbild wird von der Anlage des ehemaligen **Benediktinerklosters** beherrscht. Dieses besteht im Wesentlichen aus der barocken Kirche St. Bonifatius, die von Wolfgang Dientzenhofer entworfen und ab 1690 erbaut wurde, und dem sich südlich anschließenden Trakt, dem ehemaligen Abteiflügel. Dieser Westflügel geht wohl auf Johann Dientzenhofer zurück (1725–27). Leider wurden zwei der vier Klosterflügel im Zuge der Säkularisation abgerissen und Bewohner verbauten die Steine der alten Mauern teilweise in den Häusern des Ortes.

Das Benediktinerkloster von Weißenohe wird dominiert von der barocken Kirche St. Bonifatius.

*Der Fünf-Seidla-Steig
führt zu fünf Brauereien und
ist bestens ausgeschildert.*

Das Kloster kann auf eine wechselhafte Geschichte zurückblicken. Das liegt insbesondere daran, dass Weißenohe und sein Kloster fast während seines ganzen 750-jährigen Bestehens zur Oberen Pfalz gehörte und geradezu wie ein Fremdkörper in das Gebiet der Freien Reichsstadt Nürnberg hineinragte. Das schuf natürlich Konflikte, die kriegerisch ausgetragen wurden. Nürnberg ließ nichts unversucht, um sich den Ort einzuverleiben. Die Zwistigkeiten endeten erst, als 1803 das Kloster säkularisiert und nach Bayern eingegliedert wurde.

Die Klosterbrauerei in Weißenohe hat ihren Ursprung im Benediktinerkloster. Wirtshaus und Biergarten laden heute mit herzhaften Speisen und süffigen Getränken in stilvollem Ambiente zum Verweilen ein.

Von Weißenohe nach Gräfenberg
Der Fünf-Seidla-Steig beginnt am **Bahnhof Weißenohe**. Dann führt er zum Kloster und zur Klosterbrauerei. Perfekt markiert führt der 10 km lange Weg zu den fünf Privatbrauereien in den Gemeinden Gräfenberg und Weißenohe.
Vom Kloster in Weißenohe folgen wir der Straße aufwärts, immer mit der Markierung »Fünf-Seidla-Steig«.

**Brauereien am
Fünf-Seidla-Steig**
Klosterbrauerei Weißenohe, Klosterstr. 20, Weißenohe, Tel. 09192/63 57, www.wirtshaus-kloster-brauerei-weissenohe.de; Brauerei Friedmann, Jägersberg 16, Gräfenberg, Tel. 09192/318, www.brauerei-friedmann.de; Linden-Bräu Brehmer-Stockum, Am Bach 3, Gräfenberg, Tel. 09192/ 348, www.lindenbraeu.de; Brauerei Gasthof Hofmann-Nendwig, Hohenschwärz 16, Gräfenberg, Tel. 09192/251; Elch-Bräu, Gasthof Seitz, Thuisbrunn 11, Gräfenberg, Tel. 09197/221, www.gasthof-seitz.de.

Gleich hinter dem Weißenoher Kloster beginnen die Wiesen und Felder.

Wir überqueren eine Kreuzung und kommen geradeaus in die Sollenberger Straße (Weißenohe), dann links über die Gräfenberger Straße in die Mönchsbergstraße. Wir folgen der Straße bis zum Ende und biegen links in einen Feldweg ein. Durch einen Hohlweg wandern wir hinauf auf die Mönchsleite. Es geht durch einen alten Kirschgarten, von dem man einen schönen Ausblick auf das Tal hat. Der Weg führt ein Stück am Wald entlang und durchquert dann das Waldstück bergan. Wir gehen dann noch ein Stück am Waldrand entlang, bis wir zum Ortsanfang von Gräfenberg kommen. In der Sollenberger Straße (Gräfenberg) biegen wir links ab, überqueren die Kreuzung mit der B 2 und gehen dann Richtung Zentrum. Durch eines der drei Stadttore tritt man ein, und schon präsentiert sich Gräfenberg in seiner ganzen mittelalterlichen Anmut.

Stadtrundgang durch Gräfenberg Eine erste urkundliche Erwähnung des Ortes findet man im Jahr 1172. Das Marktrecht erhielt der kleine Ort Gräfenberg mit seinen rund 200 Einwohnern 1333 von Kaiser Ludwig dem Bayern. Zur Stadt erhoben wurde Gräfenberg 1371 durch Kaiser Karl IV. Mit dem Stadtrecht verbunden war die kaiserliche Genehmigung, den Ort zu befestigen und einen Burggraben, Mauern, Türme und vier Tore zu errichten. Bis 1520 hatten die Gräfenberger diese Arbeiten abgeschlossen. Davon sind bis heute drei Stadttore, das Gesteiger Tor, das Hiltpoltsteiner Tor und das Egloffsteiner Tor, sowie große Teile der südlichen und westlichen Stadtmauer erhalten.

Gräfenberg ist eine ruhige und beschauliche Stadt. Einen Stadtrundgang beginnt man beim **Rathaus** an der Nordseite des Marktplatzes. Es ist das schönste Haus und insbesondere seine barocke Bemalung ist nicht zu übersehen. Es wurde 1697 erbaut und seit 1871 als Rat-

Gräfenberg ist das Zentrum der Region – nicht nur beim Bierbrauen.

41

Minnesänger Ritter Wirnt von Grefenberc

Der bedeutendste Sohn der Stadt wurde um 1170 geboren. Er nannte sich »Ritter Wirnt von Grefenberc«, gehörte zu den »Herren von Gräfenberg« und war gleichzeitig Minnesänger. Er verfasste das Heldenepos »Wigalois, der Ritter mit dem Rade«. In 11 700 mittelhochdeutschen Versen wird die abenteuerliche Suche eines jungen Ritters nach seinem Vater erzählt, den er schließlich am Hofe von König Artus findet.

Das Rathaus mit seiner barocken Bemalung ist das schönste Haus auf dem Marktplatz.

haus genutzt. Nach Norden begrenzt das **Egloffsteiner Tor** den Marktplatz. Es ist eines der Tore der mittelalterlichen Stadtbefestigung. Der **Marktplatz** selbst ist ein wunderbares Ensemble. Seit der Erlangung der Marktrechte 1333 ist er der absolute Mittelpunkt des Ortes. Auch heute noch werden hier Kirchweihen oder andere Feste gefeiert. Auf dem Marktplatz fällt der große Brunnen auf. Mit ihm wurde für lange Zeit die Wasserversorgung des gesamten Ortes sichergestellt. Erst 1898 wurden Wasserleitungen gebaut und der Brunnen verlor seine Bedeutung. In gelebter Brunnentradition wird der Gräfenberger Brunnen zur Osterzeit ganz besonders schön geschmückt. Der Ritter auf der Brunnensäule blickt auf ein bemaltes Haus an der Südseite des Platzes. Das Bild zeigt eine Kampfszene aus dem Epos »Wigalois, der Ritter mit dem Rade«, das der Minnesänger aus Gräfenberg, Wirnt von Gravenberc, um das Jahr 1200 geschrieben hatte. Auch ein anderes Haus hat eine bemalte Fassade: das ehemalige Hotel »Alte Post«. In diesem Haus wurde in der Nacht vom 30. auf den 31. Juli 1866 Geschichte geschrieben. Im Krieg des Königreichs Preußen gegen den Deutschen Bund einigten sich hier die Preußen (für den Norddeutschen Bund) und die Österreicher zusammen mit den Bayern auf einen Waffenstillstand für die fränkische Region.

Wir verlassen den Marktplatz in westlicher Richtung und stoßen auf ein schönes Fachwerkhaus mit der Jahreszahl 1669 über der Haustür. Zwischen diesem Haus und dem Zollhäuschen auf der anderen Straßenseite erstreckte sich einstmals das Badtor, eines der Stadttore. Es wurde 1831 abgebrochen, um den Verkehr besser in die Stadt zu lassen.

Das alte Gasthaus »Grüner Baum« befand sich damals bereits außerhalb der schützenden Stadtmauer. Die nach rechts abzweigende Straße »Am Bach« führt zum Turmuhrenmuseum.

Das **Turmuhrenmuseum** ist in »Gerbers Stodl« untergebracht. Ausgestellt werden Exponate aus der ehemaligen Turmuhrenfabrik Rammensee Gräfenberg, die zwischen 1832 und 1957 in Gräfenberg ansässig war. Daneben sind aber auch Modelle anderer Hersteller zu sehen, u. a. über 50 Großuhren. Die älteste Uhr stammt aus der Zeit vor 1500, die jüngste ist von 1970 (Öffnungszeiten: März–Oktober Samstag und Sonntag 14–18 Uhr oder nach Vereinbarung unter Tel. 09192/82 66).

Wir folgen nun der nach links abbiegenden Bahnhofsstraße und kommen linker Hand zum ehemaligen **Kommunalbrauhaus**. Seit 1628 bis vor ungefähr 50 Jahren wurde hier das Gräfenberger Bier

gebraut. Gegenüber befindet sich das Handwerkerhaus, in dem noch eine traditionelle, mechanische Werkstatt besichtigt werden kann. Nach dem Kommunalbrauhaus folgt das Malzdörrhaus, wo die Rohstoffe für den Brauvorgang gelagert wurden. Das Haus stammt aus dem Jahr 1607 und wurde auf den Resten einer ehemaligen Burganlage erbaut.

Wir gehen zurück zum Marktplatz. Bei der »Alten Post« wenden wir uns nach Süden zur Kirche hin. Rechts fällt das stattliche, 1732 errichtete Bürgerhaus auf, das lange Jahre das Schulhaus in Gräfenberg war. Geradeaus sieht man das Gesteigertor, eines der erhaltenen Stadttore.

Wenn man Richtung Kirche weitergeht, sieht man neben der Apotheke das große Gebäude der Verwaltungsgemeinschaft Gräfenberg, das ehemalige Schloss der Nürnberger Pfleger. Auf der anderen Seite fällt das 1821 erbaute Sandsteingebäude auf, in dem das Gemeindehaus untergebracht ist.

Auf dem Kirchplatz, auf dem wir jetzt stehen, wird alljährlich der Weihnachtsmarkt abgehalten. Von hier gehen wir zurück auf die Straße und sehen das Hiltpoltsteiner Tor, das diesen Teil der Altstadt abschloss.

Von Gräfenberg nach Thuisbrunn Die Wanderung führt uns vom Marktplatz in **Gräfenberg** nach rechts, in einer Linkskurve geht es bergan. Der Weg ist gut ausgeschildert (Markierung »Fünf-Seidla-

Im ehemaligen Hotel »Alte Post« wurde 1866 Frieden geschlossen.

Die Burgruine von Thuisbrunn

Der alte Postbus fährt nur noch zu besonderen Anlässen.

Steig«). Wir kommen oben zu einem Rastplatz, von dem aus wir einen guten Blick über Gräfenberg haben. Nun geht es auf einem schmalen Weg an der Bergkante entlang. Unten sehen wir das Gräfenberger Freibad und durchqueren dann ein längeres Waldstück. Im Wechsel durch kleine Waldstücke und vorbei an Ackerland geht es dann bis zum Parkplatz beim Hüllweiher und von hier noch ein Stück durch den Wald bis **Hohenschwärz**. Wir gehen hinunter in den Ort und können im Brauereigasthof Hofmann eine Rast einlegen. Zurück auf dem Wanderweg geht es rechts hinab durch eine wunderbare Flur- und Heckenlandschaft bis nach **Thuisbrunn**, wo der Gasthof Seitz zur Einkehr einlädt.

1007 wird der Ort erstmalig in einer Schenkungsurkunde erwähnt. Seit der Gemeindereform 1978 gehört er zu Gräfenberg. Sehenswert im Ort sind die Kirche und die Burgruine. Letztere kann man besteigen und hat von dort einen schönen Blick auf den Ort und die Umgebung. Bekannt ist Thuisbrunn in der Region auch für seine ausgiebig gefeierte Kärwa und den prächtig geschmückten Osterbrunnen.

Zurück nach Weißenohe Für den Rückweg nach Weißenohe gibt es entweder ein Sammeltaxi (Tel. 09191/861 61) oder den Sonderverkehr von Schmetterling Reisen (Tel. 09197/628 25 28, Achtung: eine Stunde vor Abholung anrufen). Für 5 Euro wird man zurück an den Ausgangspunkt der Wanderung gebracht.

Die Kirche von Thuisbrunn

6

Von Hersbruck zum Schloss Henfenfeld

Wanderung und Radltour um Hersbruck

■ **Ausgangspunkt** Hersbruck
■ **Anfahrt**
Auto A 9 Nürnberg–Bayreuth, Ausfahrt Lauf/Hersbruck, dann B 14 bis Hersbruck.
Bahn Bahnverbindung ab Nürnberg bis Hersbruck Bhf.
■ **Streckenlänge**
Wanderung Hersbruck – Reichenschwand – zum Schloss Henfenfeld und zurück: 13 km – 3:30 Std.
Radtour Hersbruck – Pegnitztal – Happurger See – Hersbruck: 17 km – 3 Std.
■ **Highlights** Stadtrundgang Hersbruck; Schloss von Reichenschwand; Schloss Henfenfeld; Klosterberg
■ **Tourist-Info** Tourist-Information, Unterer Markt 1, 91217 Hersbruck, Tel. 09151/73 51 50

Hersbruck, das Herz der Hersbrucker Schweiz, lädt zu einem Bummel ein durch seine mittelalterlichen Gassen und Straßen mit den gepflegten Bürgerhäusern. Charakteristisch ist die Aufzugsgaube des Hopfenaufzuges in Form einer Dachnase. Von hier starten eine schöne Wanderung zum Schloss Henfenfeld und eine Radtour durchs Pegnitztal.

Stadtrundgang durch Hersbruck

Hersbruck liegt an einer Furt durch die Pegnitz und an einem alten Handelsweg zwischen Regensburg und Forchheim. Erstmals urkundlich erwähnt wurde die Siedlung im Jahr 1003. Es dauerte nicht lange, bis sie aufgrund ihrer zentralen Bedeutung bereits 1057 das Münz-, Markt- und Zollrecht erhielt und 1297 durch Pfalzgraf Rudolf die Stadtrechte.

Es empfiehlt sich, die Stadt durch den Oberen Markt zu betreten, denn hier stehen wir bereits auf der »Goldenen Straße«, der wir nach dem Stadtrundgang noch ein Stück folgen wollen. Unter Karl IV. (1346–78) gewann diese Ost-West-Verbindung von Nürnberg nach

Mitten in der Stadt steht der Lions-Brunnen, so genannt, weil er vom Lions Club gestiftet wurde.

Prag an Bedeutung. Er förderte den Ausbau der Orte und Städte an dieser Straße. In dieser Zeit entstand der Obere Markt mit seinen hochgiebeligen Häusern, geprägt von den ehemaligen Hopfentrockenböden und Aufzugsgauben.

Besonders schön sind die Anwesen am Pegnitzufer.

Vom Oberen Markt gehen wir zur Altstraße. Auffallend ist der **Gänsturm** oder Schwalbenturm. Der Rundturm aus dem 15. Jahrhundert war lange Zeit (ab 1537) eine Wasserverteilstelle. Das in Holzröhren vom Steinberg abgeleitete Quellwasser wurde im Turm gesammelt und an die sechs Brunnen in der Innenstadt weitergeleitet. 1801 wurde der Turm bis auf 5 m Höhe abgetragen, man gab ihm eine quadratische Form und stockte einen Fachwerkbau auf. Für diesen Turm haben die Altstadtfreunde die Patenschaft übernommen und erwarben damit gleichzeitig einen recht repräsentativen Sitz.

49

Der Stadtturm in Hersbruck bildet die Grenze zur Altstadt.

Schön ist ein Rundgang um die Maueranlage. Das Gebäude Mauerweg Nr. 7 diente ehemals als Gefängnis mit Zellen und Verlies. Im Obergeschoss befanden sich die Amtsknechtswohnung und Henkerstube. Der Henker selbst musste aber aus Nürnberg anreisen.

Der **Wildzirkelturm** ist Sitz des Vereins Dokumentationsstätte KZ Hersbruck e.V. Hier befindet sich auch der Aufgang zur Stadtmauer. Das **Spitaltor**, auch Hohenstädter Tor, stammt ursprünglich aus dem Jahr 1425. Der heutige Bau wurde im 17. Jahrhundert neu errichtet, 1933 renoviert und für Wohnzwecke ausgebaut. An der Ostseite befindet sich das Stadtwappen.

Mitten in der Stadt kann man sich in einem gemütlichen Biergarten niederlassen.

Im angebauten »Einlasshaus« wurde das kleine **Kunstmuseum** untergebracht. Gleich daneben befindet sich das Bürgerspital St. Elisabeth, das um 1400 von Johann Polster gestiftet wurde. Seine Außenfronten wurden in die Stadtbefestigung einbezogen.

Die **Spitalkirche St. Elisabeth** entstand im 15. Jahrhundert und wurde 1737/38 barock umgestaltet. Nur der Chor von 1444 stammt noch aus der ursprünglichen Bauzeit. Die Spitalkirche beherbergt u. a. einen kunstvollen gotischen Flügelaltar aus der Werkstatt von Veit Stoß, dem bekannten Nürnberger Bildhauer. Wichtig ist auch der »Hersbrucker Kirchenväteraltar«, der um 1480 von einem unbekannten Künstler aus dem Bamberger Raum geschaffen wurde. Interessant ist, dass sich im Obergeschoss nicht nur eine Pfründnerwohnung befand, sondern dass die Empore so gestaltet war, dass man hier bettlägerige Kranke versorgen konnte.

Wir gehen dann weiter bis zur **Prager Straße**, die ein Bestandteil der »Goldenen Straße« ist. Hier sehen wir wieder viele hoch aufschießende Bürgerhäuser mit Hopfentrockenböden und Aufzugsnasen. Ihren Abschluss bildet das **Wassertor**, das 1601/02 neu aufgebaut wurde. An der Außenseite befinden sich Wappen und Jahreszahl. An der Brücke über den Pegnitzarm steht das Pflasterzollhaus von 1690. Insbesondere von der Pegnitz hat man immer wieder schöne Blicke auf die Stadtanlage.

Durch die Schulgasse kommt man zum **Schlossplatz**. Hier befindet sich das Wohn- und Amtsgebäude des Kastners (Nürnberger Patrizier), der für die Verwaltung der Naturalabgaben zuständig war. Der Westteil wurde 1982 neu errichtet, der östliche Teil stammt aus der Zeit um 1747. Ab 1806 war hier das königlich-bayerische Kastenamt untergebracht, ab 1808 Rentamt, ab 1843 eine Schule.

In Reichenschwand befindet sich, von Wassergräben umgeben, das Neue Schloss.

In dem Viertel befinden sich noch das Stadtschreiberhaus (1616), das Schlossbräuhaus (ein Fachwerkbau), die Deutsche Schule (seit 1625 Teutsche Mägdleinschule) und natürlich das **Schloss,** das bereits vor der Jahrtausendwende als Burganlage zum Schutze der Pegnitzbrücke erbaut wurde. Das heutige Schloss ist ein Neubau aus dem Jahr 1517, errichtet durch die Freie Reichsstadt Nürnberg. Die Türme und Seitenflügel entstanden zwischen 1616 und 1622. Im Innern ist es mit schönen Stuckdecken ausgestattet.

Über den Unteren Markt mit schönen Patrizierhäusern kommen wir zum **Rathaus,** einem markanten Bau vom Beginn des 14. Jahrhunderts, der mehrmals umgebaut wurde, 1945 abbrannte und zwischen 1948 und 1952 wieder errichtet wurde. Davor befindet sich ein barocker Marktbrunnen (1693).

Wanderung auf der Goldenen Straße

Wenn man auf der historischen Goldenen Straße Richtung Lauf wandern will, begibt man sich in Hersbruck zur Prager Straße beim Oberen Markt. Von dort wendet man sich zur Nürnberger Straße

Einkehr-Tipp

Im Schloss Reichenschwand ist das Restaurant Entenstub'n untergebracht. Italienisches Flair verbindet sich hier mit dieser wunderbaren Schlossanlage (Schlossweg 12, Tel. 09151/86 26 86, www.restaurant-entenstuben.de).

und folgt ihr bis zum Bahnhof. Erst am Bahnhof Hersbruck (Achtung: Bahnhof rechts der Pegnitz) beginnt der markierte Weg. Nur ein kurzes Stück auf der Straße, dann gleich auf schmalen Pfaden bergan und durch ein Neubaugebiet von Altensittenbach bergab. Wir überqueren die Staatsstraße und den Rauschelbach und wandern auf einem Wiesenweg in Richtung Hansgörgl. Am Waldrand steigen wir durch herrliche Buchenwälder bergan. Oben angekommen, gehen wir nicht zum Gipfel des **Großen Hansgörgl**, sondern wieder bergab nach Oberndorf. Von hier aus kommen wir zum Bahnhof Reichenschwand.

Reichenschwand ist ein lang gestrecktes Straßendorf. Sehenswert ist das Schloss, das wir erreichen, wenn wir Bundesstraße und Eisenbahnlinie am Anfang des Ortes überqueren. Das Gebiet im Umkreis von Reichenschwand beiderseits der Pegnitz wurde, nachdem es von den Kelten verlassen war, von den im 6. Jahrhundert eingewanderten Baiern besiedelt. Wahrscheinlich erfolgte im 8. Jahrhundert eine sys-

Vom Alten Schloss stehen nur noch die vier runden Ecktürme.

tematische Kolonisation. Sehenswert sind die aus dem Jahr 1754 stammende Pfarrkirche, in der besonders die Totenschilde der Furtenbacher interessant sind, und natürlich das Alte Schloss, das nach einer Zerstörung im Zweiten Markgrafenkrieg wieder aufgebaut wurde. Heute stehen nur noch die vier runden Ecktürme. Inmitten der Anlage befindet sich das **Neue Schloss**, ein bemerkenswertes Beispiel des neugotischen Stils des 19. Jahrhunderts.

Von Reichenschwand nach Henfenfeld Wir gehen beim Schloss geradeaus weiter, überqueren mit der Markierung »gelbes Kreuz« den Wiesengrund und erreichen den Ort Henfenfeld. Auch Henfenfeld ist uraltes Siedlungsgebiet, 1059 erstmals urkundlich erwähnt. Archäologische Funde bestätigen allerdings, dass diese Region schon in der späten Bronzezeit um 1200 v. Chr. besiedelt war. Zu dieser Zeit scheint es bereits eine Burganlage gegeben zu haben. 1996 wurde **Schloss Henfenfeld** renoviert und ein Teil der Innenräume zu zeitgemäßen Büros umgebaut. Der denkmalgeschützte Schlosspark mit seinem historischen Baumbestand ist unbedingt einen Besuch wert. Das frühere Gesindehaus wird heute als Restaurant genutzt.

Im Schloss finden das ganze Jahr über klassische Konzerte statt, in den Sommermonaten meist im schönen Schlosshof: manchmal mit Kaffee und Kuchen, manchmal bei Fackelschein.

Auf Schloss Henfenfeld kann man außerdem die standesamtliche Trauung in festlicher Atmosphäre im schönen Roten Saal begehen.

Trutzig wirkt der Eingang zum Schloss Henfenfeld.

In Henfenfeld gibt es malerische Bauernhäuser mit Fachwerkschmuck.

Besonders im Sommer bieten die historische Kulisse und der Schlosspark einen malerischen Rahmen für die Trauung.

Zurück nach Hersbruck Wir verlassen Henfenfeld über die Friedhofstraße. Beim Sportplatz beginnt rechter Hand der Weg durch schöne Waldgebiete hinauf zum **Klosterberg**. Vom Klosterberg gehen wir in östliche Richtung mit dem Wegweiser »Hersbruck«. Wir kommen nach ungefähr 1,5 km auf den Fernwanderweg »Frankenweg«. Ihm folgen wir nach links und erreichen Hersbruck-Süd. Nach Überquerung des Wiesengrunds kommen wir wieder in die Altstadt von Hersbruck.

Radtour zum Happurger See

Das Schloss war einst das Wohn- und Amtsgebäude des Kastners.

Ein schönes Fahrraderlebnis ist eine Fahrt zum Happurger See, einem Stausee, den man auf Radwegen bestens umrunden kann. Kombinieren kann man diesen Ausflug mit einer Radeltour durchs Pegnitztal.

So fahren wir von Hersbruck durch das Pegnitztal, biegen bei Happurg zum gleichnamigen See ab, umrunden diesen und fahren zurück zum Pegnitztal. Bei Hohenstadt können wir wieder umkehren und nach Hersbruck zurückfahren. Wer noch Kondition hat, kann der Pegnitz bis nach Eschenbach oder Alfalter folgen – eine ebenso schöne wie erlebnisreiche Strecke.

Am Marktplatz von Hersbruck stehen schöne Fachwerkhäuser und trutzige Toranlagen.

Feste in Hersbruck

Hirtentag (6. Januar), Volksfest mit Markt; Närrschbrucker Rummzug (Faschingsdienstag) mit geschmückten Wägen, Kapellen und Fußgruppen; Schaffest (Anfang Mai), bietet Wissens- und Erlebenswertes rund ums Schaf; Hansgörglkirchweih (Pfingstmontag), gemütliches Beisammensein mit zünftiger Musik; Sommerfest (2. und 3. Wochenende im Juli) mit Großfeuerwerk am Samstag des zweiten Wochenendes; Altstadtfest (1. Wochenende im August), die gesamte Hersbrucker Innenstadt verwandelt sich in ein einziges Wirtshaus; Internationales Gitarrenfestival Hersbruck (Ende August) mit Gitarrenkursen, Meisterklassen und einem hochklassigen Konzertprogramm; Museumsfest (Mitte September), Vorführung von traditionellem Handwerk; Weihnachtsmarkt am Unteren Markt (Adventszeit).

7

Von Lauf nach Speikern

Bummel durch Lauf und Archäologischer Wanderweg

- **Ausgangspunkt** Lauf
a. d. Pegnitz
- **Anfahrt**
Auto A 73 bis Nürnberg,
dann B 14 bis Lauf. Oder A 9,
Ausfahrt Lauf/Hersbruck.
Bahn Bahnverbindung ab
Nürnberg Hbf.
- **Streckenlänge**
Wanderung 1 Lauf –
Speikern: 6 km (einfach),
2 Std. (einfach)
Wanderung 2 Archäologi-
scher Rundwanderweg ab
Speikern: 13 km – 4 Std.
- **Highlights** Stadtrund-
gang durch Lauf; Grab-
anlagen aus der Hallstein-
zeit; schöner Ausblick vom
Glatzenstein
- **Tourist-Info** Info-Punkt
Lauf, Hellergasse 2 (nähe
Altes Rathaus), 91207 Lauf
a.d. Pegnitz, Tel. 09123/
98 82 35, www.lauf.de

Lauf, ein Städtchen mit mittelalterlichem Charme, liegt an der »Goldenen Straße«. Dieser folgt die Wanderung ein Stück, bevor es dann in Speikern noch weiter in die Vergangenheit zurückgeht. Der archäologische Rundwanderweg führt zu Grabanlagen aus der Hallsteinzeit und bietet außerdem einen wunderbaren Ausblick vom Glatzenstein.

Stadtrundgang durch Lauf

Seine Bedeutung verdankt der Ort seiner seit jeher verkehrsgünstigen Lage, da eine mittelalterliche Straße vom ostfränkischen Königshof Forchheim zum alten Sitz des bayerischen Herzogtums in Regensburg genau durch die Ansiedlung Lauf führte. Und seit dem 11. Jahrhundert verlief hier auch die Goldene Straße von Nürnberg nach Prag.

Wanderung 1

Wanderung 2

*Historische Brücke
über die Pegnitz.*

Die Altstadt wird begrenzt von mächtigen Tortürmen.

Lebhaft geht es auf dem Marktplatz von Lauf zu.

Wir beginnen unseren Stadtrundgang auf dem historischen **Markt-platz**. Im Zweiten Weltkrieg blieb Lauf weitgehend von Zerstörung verschont, sodass es mit seinen spitzgiebeligen Häuserfassaden am Marktplatz, mit seinen schönen Höfen und Baudenkmälern nach wie vor ein reizvolles Abbild eines bayerischen Straßenmarktes bietet.

Der Markt entstand aus der Erweiterung der alten Handelsstraße von Nürnberg nach Prag. Wichtigstes Gebäude ist das **alte Rathaus** in der Mitte des Platzes. Die frei stehende Lage verweist auf eine Ent-stehungszeit unter bayerischer Herrschaft. Damals war es typisch, Rathäuser inmitten der Marktplätze zu errichten und sie nicht in die umgebenden Häuserzeilen einzugliedern. Das erste Rathaus dürfte im 14. Jahrhundert erbaut worden sein. Nach dem Zweiten Markgrafen-krieg 1553 wurde das Gebäude, nachdem es völlig abgebrannt war, neu errichtet. Später erfolgten mehrere An-, Um- und Aufbauten, wo-bei 1937 weitgehend der ursprüngliche Bauzustand wiederhergestellt wurde.

Der Marktplatz war im Mittelalter Warenumschlagplatz, Zollstation, Wochen- und Jahrmarkt. Viele der damaligen Bürger waren Gewerbetreibende, die mit den durchreisenden Kaufleuten Geschäfte abschlossen. Und so manche Bürger betrieben auch eine Gastwirtschaft. Sie bauten ihre herrschaftlichen Häuser um den Marktplatz herum, um nahe am Geschehen zu sein. Hinter den typischen fränkischen Sandstein- und Fachwerkfassaden verbergen sich reizvolle Innenhöfe mit Werkstätten und Wirtschaftsgebäude aus dem 17. und 18. Jahrhundert.

Es stellte sich jedoch bald heraus, dass die Lagerstätten sehr begrenzt waren. Daher wurden unter dem Marktplatz Kellergewölbe in den Felsen gehauen. Sie sind zum Teil 11 m tief und liegen dicht über dem Grundwasserspiegel. In diesen Kellern konnten die Gewerbetreibenden ihre Güter lagern. Besonders wichtig wurden die Keller jedoch für die Bierlagerung. Die Felsenkeller können besichtigt werden.

Im Jahr 1374 gründete der Nürnberger Bürger Hermann Kessler, genannt Glockengießer, das hiesige **Spital** und stiftete auch noch die dazugehörende Kirche. Die Stiftung war für die Stadt ein wichtiges Geschenk. Im Zweiten Markgrafenkrieg 1553 wurden die Spitalgebäude und die Kirche jedoch in Schutt und Asche gelegt. Während

Der alte historische Ausleger weist auf die Gaststätte »Altes Rathaus« hin.

Die Sankt-Johannis-Kirche stammt aus dem 14. Jahrhundert.

In kleinen Biergärten kann man eine Pause genießen.

Die St.-Leonhards-Kirche blieb bis heute als Ruine erhalten.

Tipp

Kultureller Höhepunkt von Lauf ist das Dehnberger Hoftheater bei Lauf. Es ist in einem hundertjährigen Hopfenbauerngehöft in Dehnberg, 2 km nördlich von Lauf, untergebracht. Geboten werden Theatervorstellungen in fränkischer Mundart, Kabarettveranstaltungen, Autorenlesungen sowie Konzerte von Klassik bis Folk und Jazz. Sehr beliebt im Sommer sind die Jazz-Frühschoppen und Freiluft-Theater-Aufführungen im malerischen Innenhof des Theaters.

das Spital als soziale Einrichtung wieder aufgebaut wurde, blieb die **St.-Leonhards-Kirche** bis heute Ruine.

Unmittelbar südlich neben dem Altstadtbereich erhebt sich auf einer Flussinsel in der Pegnitz die **Kaiserburg.** Der böhmische König und deutsche Kaiser Karl IV. erwählte Lauf als Rastplatz auf seinem Weg von der Reichsstadt Nürnberg zu seiner Residenz in Prag. Um eine standesgemäße Unterkunft zu haben, errichtete er die Burg in den Jahren 1356–60 als mächtigen Wehrbau. Das Äußere ist durchaus interessant, weil sich der architektonische Umbruch zwischen klassisch-romanischer Burg und gotischem Burgschloss gut erkennen lässt. Eine Besonderheit stellt der Wappensaal dar. Von 1504 bis 1806 diente die Burg als Sitz des Nürnberger Landpflegers, danach war sie Landgericht und Amtsgericht.

An der Pegnitz befindet sich die letzte in Lauf erhaltene Schleiferei, die **Reichel'sche Schleif.** Das Mühlenwesen war einst ein wichtiger Wirtschaftszweig. Um das Jahr 1275 wurden erstmals Mühlen im Stadtgebiet von Lauf urkundlich erwähnt. Die Schleifmühle kann man im Jahr 1541 in einer Urkunde nachweisen. In der Schleifmühle wurden vor allem land- und hauswirtschaftliche Gerätschaften geschliffen, wie Messer, Scheren und Sägen. Der Betrieb der in Familienbesitz befindlichen Schleife wurde erst im Frühjahr 1988 eingestellt. Die Altstadtfreunde haben die Schleifmühle Reichel in ein **Mühlenmuseum** umgewandelt. Die Mühle wurde innen und außen sehr schön renoviert, so dass man heute noch einen guten Eindruck in das einstige »Mühlenleben« bekommt (geöffnet: März–Oktober jeden ersten Samstag im Monat 10–13 Uhr und jeden 3. Samstag im Monat 14–16 Uhr).

Nicht weit entfernt ist der **Judenturm,** der 1430 erbaut wurde und als mächtigste Eckbastion ein wichtiger Teil der Stadtmauer war. Der **Batterieturm** mit sechs Schießscharten diente vor allem zu Verteidigungszwecken. Später fand er abwechselnd als Armenhaus, Polizeigefängnis und Krankenhaus Verwendung.

Die **Sankt-Johannis-Kirche** wurde etwa um 1275 zunächst als Kapelle erbaut, bis sie im Jahre 1553 nach der Zerstörung der Spitalkirche Sankt Leonhard evangelische Pfarrkirche wurde. Der Bau stammt aus der Zeit von 1350 bis 1370. Von 1680 bis 1710 wurden wesentliche bauliche Änderungen vorgenommen. In dieser Zeit

haben die Kirche und der Turm weitgehend ihr heutiges Aussehen erhalten. Altar, Taufstein und Orgel stammen aus der zweiten Hälfte des 17. Jahrhunderts. Der Altar mit acht auswechselbaren Bildern ist ein Werk des Laufer Bildhauers Balthasar Götz. Bemerkenswert ist eine Wohnung des Stadttürmers knapp unterhalb der Kirchturmspitze. In der engen Wohnung mit dem wunderbaren Blick versah der Türmer als Stadtmusikus und Feuerwächter bis 1931 seinen Dienst.

Ein wirklich beeindruckendes Museum ist das **Industriemuseum** in der Sichartstraße 5–25. Es beschäftigt sich insbesondere mit den »wasserradgetriebenen Gewerben«, also in erster Linie mit der Mühlentechnik der frühen Industrialisierung. Weiterhin sind Ausstellungen der städtischen Wohn- und Lebenswelt gewidmet.

Das Museumsareal ist Bestandteil des ehemaligen Gewerbe- und Industrieviertels. Hier gab es einmal viele Eisen- und Messinghämmer, Draht- und Mehlmühlen. Vier stattliche Wasserräder, ein Eisenhammerwerk mit originaler Ausstattung, eine komplette, voll funktionsfähige Mahlmühle und eine Stromerzeugungsanlage können in Betrieb vorgeführt werden. Sehenswert ist auch eine Dampfmaschine (Baujahr 1902). Präsentiert werden darüber hinaus Schuster-, Flaschner-, Schirm- und Hutmacherwerkstätten, ein Friseursalon und als ein Schmuckstück eine knapp 100 Jahre alte Drogerie. Zwei Wohnungen im Stil der Jahrhundertwende bzw. der 1950er Jahre verdeutlichen den gestiegenen Lebensstandard der Laufer Bürger (Info unter Tel. 09123/90 30, www.industrie-museum.lauf.de).

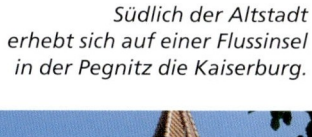

Südlich der Altstadt erhebt sich auf einer Flussinsel in der Pegnitz die Kaiserburg.

Wanderung 1: Von Lauf nach Speikern

Wir folgen ein kleines Stück der Goldenen Straße, überqueren in Lauf bei der Schleifmühle Reichel die Pegnitz und wandern durch das Stadtviertel Heuchling. Zunächst ist der Weg noch asphaltiert. Ehe man zu den Weihern kommt, zweigt der Wanderweg nach rechts ab, unterquert die Autobahn und schon befindet man sich in **Neunkirchen am Sand.**

Im Jahre 1227 findet Neunkirchen als »Nivwinkirchen« eine erste urkundliche Erwähnung. Man kann jedoch davon ausgehen, dass der Ort eine alte Eichstätter Missionspfarrei ist und somit be-

deutend älter, als die Urkunde vermuten lässt. Beeindruckend ist die Kirche. Der heutige Bau reicht in seinem Kern bis in das 14. Jahrhundert zurück. Die beiden Stützpfeiler, außen an der Südmauer des Chores, wurden noch in gotischer Zeit errichtet. In den Jahren 1688/1689 erfolgte eine barocke Umgestaltung. 1955/56 fand die behutsame Gesamtrestaurierung des Inneren der Kirche samt ihrer Ausstattung statt. Das von einer Mauer umgebene Gebiet der Kirche samt Pfarrhof und Friedhof war eine Freiung mit Asylrecht, die noch im späten 17. Jahrhundert strengstens respektiert wurde.

Wir folgen noch ein Stück der Goldenen Straße und kommen nach ca. 1 km nach **Speikern**. In der Hopfenscheune in Speikern, Kersbacher Straße 18, hat der Heimat- und Geschichtsverein Neunkirchen das Heimatmuseum »Fränkische Hopfenscheune« eingerichtet. Ältestes Stück ist eine Getreideputzmaschine von 1896, doch nicht viel jünger dürfte eine Holmmaschine sein, die nur mit Muskelkraft bedient wurde. Das Pferdegeschirr des Leichenwagens Neunkirchens findet man ebenso wie alte Schlitten, die früher dem

Beeindruckend ist die Fassade der Kirche von Neunkirchen am Sand.

65

Fachwerkhäuser schmücken die Ortschaften Lauf und Neunkirchen.

Transport dienten. Große Leiterwagen, Eggen und Pflüge zeigen Geräte, ohne die die Landwirtschaft früher nicht auskam. Wie der Name sagt, ist jedoch Hopfen der Mittelpunkt der Ausstellung: Zahlreiche Hopfenpflüge und Hopfenspritzen demonstrieren den Hopfenanbau und seine Pflege. Viele Brauereien haben Ausstellungsstücke wie Malzbottich, Brandeisen für Fässer u. Ä. spendiert (Öffnungszeiten: Mai–Oktober jeden Sonntag 13–16.30 Uhr).

Wanderung 2:
Der Archäologische Wanderweg

In **Speikern** beginnt auch der sehr interessante Archäologische Wanderweg, dem wir in Wanderung 2 folgen. Am Wasserhochbehälter von Speikern finden wir ein Grabhügelmodell, das von einer Steinreihe eingerahmt wird. Hier kann man eine Grabkammer aus der Hallsteinzeit (zwischen 750 und 500 v. Chr.) besichtigen. Eine Steintafel gibt Auskunft über Grabhügel aus jener Epoche, der die meisten gefundenen Grabhügel entstammen. Man kann davon ausgehen, dass die riesigen Stein- und Erdmengen, die für den Bau eines solchen Hügels notwendig waren, auf die Wichtigkeit der beerdigten Menschen schließen lassen. Einfache Leute wurden unter wesentlich kleineren Hügeln bestattet. Das Grab selbst, ob groß oder klein, galt als heiliger Bezirk.

Der Weg führt über **Kersbach** und **Weißenbach** durch ein Felsengewirr steil bergaufwärts zum Felsmassiv des Glatzensteins. Auf halber Höhe findet man ein in den Hang hinein gebautes ringförmiges Mauerwerk, die Fundamente eines bäuerlichen Kalkofens. Weitere Details kann man auf einer Infotafel nachlesen.

Der **Glatzenstein** ist ein markanter Kletterfelsen, von dem man an schönen Tagen eine herrliche Aussicht hat. Wenn man Richtung Nürnberg blickt, liegt zur rechten Hand der Rothenberg mit der Festung. Am Glatzenstein befindet sich auch eine kleine Höhle, die allerdings sehr schwer zugänglich ist. Sie war ein Unterschlupf für die Menschen aus der Hallsteinzeit. In der Höhle wurde ein Tonlöffel gefunden, von dem man annimmt, dass er um das Jahr 500 v. Chr. in Gebrauch war.

Vom Glatzenstein gehen wir den etwas weiteren Weg nach **Weiden-schlag**. Er führt uns durch üppigen Wald, in dem sich ebenfalls ein Grabhügelfeld befindet, das zwischen 1500 und 1200 v. Chr. angelegt wurde. Die kleinen, mit nur wenig Erde gebauten Hügel haben durch die Verwitterung stark gelitten.

Nun geht es wieder zurück, wir zweigen links ab, überqueren die Straße nach Oberkrumbach und kommen durch Wald zu einer Abzweigung, der **Hinteren Röd**. Hier befindet sich ein Abschnittswall, den man erst vor einigen Jahrzehnten entdeckt hat. Der Graben war ehemals doppelt so tief wie der heutige und auch der Wall war erheblich höher. Zusätzlich befand sich auf dem Wall ein Palisadenzaun. Man fand hier die Spuren von alten Wegen, was wahrscheinlich auf eine mittelalterliche Fernstraße hinweist.

Nun führt der Weg, wieder durch Wald, zurück nach **Speikern**. Wer weiter nach **Lauf** zurückgehen will, nimmt denselben Weg wie den Hinweg in Wanderung 1.

Ansicht von Lauf, vom anderen Pegnitz-Ufer aus gesehen. In der Mitte die alte Schleifmühle.

8

Von Roth ins Mühlental

Wanderung auf dem Mühlenweg

■ **Ausgangspunkt** Roth
■ **Anfahrt**
Auto A 9 Nürnberg–Ingolstadt, Ausfahrt Allersberg.
Bahn Bahnverbindung ab Nürnberg Hbf. Eine Bahnstrecke, die »Gredlbahn«, verbindet werktags im Stunden- und am Wochenende im Zweistundentakt die Orte Roth, Eckersmühlen und Hilpoltstein.
■ **Streckenlänge**
Wanderung Mühlenrundwanderweg ab Roth:
27 km – 8–9 Std.
■ **Highlights** Stadtrundgang Roth; Schloss Ratibor; historischer Eisenhammer; Fuchsmühle
■ **Tourist-Info** Tourist-Information, im Schloss Ratibor, Hauptstraße 1, 91154 Roth, Tel. 09171/84 85 13, www.stadt-roth.de

Roth liegt mitten im Fränkischen Seenland und an der wunderbaren Burgenstraße in einer malerischen Landschaft. Die Stadt ist Ausgangspunkt eines abwechslungsreichen Rundweges, der zu zahlreichen sehenswerten Mühlen im Rother Tal führt.

Stadtrundgang durch Roth

Urkundlich erwähnt wurde der Ort schon 1060. Das Ensemble um den Marktplatz entwickelte sich im 12. Jahrhundert und seit Mitte des 14. Jahrhunderts besitzt Roth die Stadtrechte. So ist es nicht verwunderlich, dass die Altstadt von Roth reich an Zeugnissen vergangener Epochen ist, die zu einem Bummel durch die Geschichte einladen. Am besten beginnt man einen Rundgang beim **Schloss Ratibor**, das auch als Wahrzeichen der Stadt gilt.

Für den Bau gab es einen schlichten Grund: der Wald- und Wildreichtum in der Umgebung. Georg der Fromme errichtete 1535–38 dieses repräsentative Jagdschloss, um von hier seine Jagdausflüge zu unternehmen. Der Bau zählt zu den gut erhaltenen Beispielen von

Das Wandbild zeigt einen Ausschnitt aus der Rother Stadtgeschichte.

Schlossbauten der deutschen Frührenaissance. Nach der Abdankung des letzten Markgrafen 1791 erwarb der für Roth sehr wichtige Unternehmer Stieber das Gebäude und richtete darin eine Fabrikationsstätte leonischer Drähte ein. Um 1900 ließ Wilhelm von Stieber das Schloss von namhaften Künstlern im Stil der deutschen und italienischen Spätrenaissance neu ausgestalten: So wurde das Treppenhaus reich in Stuck gestaltet und im Kaminzimmer eine intarsien-

Schloss Ratibor wurde ursprünglich als Jagdschloss erbaut.

reiche Holzverkleidung angebracht. Der Speisesaal wurde neu gestaltet und der herrliche Prunksaal mit Deckengemälden geschmückt, die Themen aus der antiken Sagenwelt behandeln. 1942 ging das Schloss als Geschenk an die Stadt Roth über. Im zweiten Stock ist seitdem das **Stadtmuseum** untergebracht. Die Sammlungen zur Geschichte von Schloss und Stadt sind sehenswert, manchmal auch durchaus kurios. Besonders herausragend sind dabei der Prunksaal und der Speisesaal im ersten Stockwerk. Sie geben ein Zeugnisse des beeindruckenden Lebensstils des ehemaligen Schlosseigentümers (Öffnungszeiten: April bis Ende Oktober Dienstag–Sonntag 13–17 Uhr). Einst war Roth von einer Stadtmauer geschützt. Reste der mit Türmen versehenen Befestigungsanlage sind noch zu sehen. Drei Tore führen in die Altstadt.

Das **Seckendorff-Schlösschen** (Hilpoltsteiner Straße) wurde 1768 von Oberamtmann Robert von Seckendorff in der neuen Vorstadt am Neuen Tor erbaut. Ende des 18. Jahrhunderts entstanden Treppenhaus, Saal und Seitenflügel. 1828 wurde es von der Stadt erworben und als Dienstbotenspital (ab 1856), als Krankenhaus (1884–1937) und später (seit 1989) als Sitz der Volkshochschule genutzt. In der Kugelbühlstraße befindet sich das **Haus Mehl** (Nr. 1), ein altes Bürgerhaus, erbaut um 1700. 1901 wurde es renoviert und mit einer Stuckfassade versehen.

Das so genannte **Neue Rathaus** befindet sich am Kirchplatz 2–4. Das erste Haus wurde 1533 errichtet. Es war ein repräsentatives Bürgerhaus, das man im Volksmund auch »Freihaus« nannte. Der Name leitet sich von der Tatsache ab, dass sein Besitzer von allen Abgaben befreit war. Es wurde bei einem Brand 1878 zerstört, anschließend wieder aufgebaut und als Schulhaus genutzt. Seit 1903 ist es Sitz der Stadtverwaltung.

Die ev. **Stadtkirche** bestimmt optisch das Gebäudeensemble am Kirchplatz. Es ist ein spätgotischer Bau von 1511–13, in den zunächst der romanische Turm eines Vorgängerbaus integriert wurde. Es gab zwei wichtige Umbaumaßnahmen, zum einen 1738, als die Umgestaltung in eine Saalkirche im Markgrafenstil erfolgte, und die Errichtung eines neuen Turms in der Mittelachse, nachdem der alte Turm nach einem Brand im Jahr 1878 abgerissen werden musste.

Das **Alte Rathaus**, ein Barockbau, befindet sich in der Hauptstraße. Es wurde 1758/59 erbaut. Sehenswert an der Nordseite ist eine Giebelfigur der Justitia. Die **Post**, ebenfalls in der Hauptstraße, ist ein schönes Beispiel des Jugendstils. Das Gebäude wurde 1904/05 erbaut, 1987–89 restauriert.

Einkehr-Tipps

Brauereigasthof »Goldener Schwan«, Roth, Hauptstraße 48 (Dienstag Ruhetag); China-Restaurant Paradies, Hofstetten, Einkehrstraße 12; Fuchsmühle, www.gaststaette-fuchsmuehle.de (Montag und Dienstag Ruhetag); Gasthaus »Zur Linde«, Hofstetten 2 (Montag Ruhetag); Gasthaus »Zum Goldenen Hirschen«, Eckersmühlen, Eckersmühler Hauptstraße 59 (Montag Ruhetag).

Die evangelische Stadtkirche »Zu unserer lieben Frau« ist ein spätgotischer Bau, der allerdings noch einen romanischen Turm besitzt.

Das **Stieberhaus** in der Hauptstraße weist schon durch den Namen darauf hin, dass es im Besitz des Fabrikanten Stieber war. Es ist ein schönes Bürgerhaus, das im 15./16. Jahrhundert erbaut und Mitte des 18. Jahrhunderts umgebaut wurde. Sehenswert das Familienwappen der Stieber an der Nordseite. Nachdem die Familie Stieber 1834 ausgezogen war, wurde darin zunächst die Poststation untergebracht. Dann war es städtisches Bürgermeisterhaus, sogar Privatklinik und schließlich Geschäftshaus.

Nicht weit entfernt im Neuen Gässchen befindet sich das ehemalige **Plätthaus** der Leonischen Drahtfabrik. Von 1860 bis 1898 diente es der kleinen katholischen Gemeinde als provisorische Kirche. Seit 1991 ist es zum »Jugendhaus« der Stadt Roth umgebaut worden. Eines der schönsten Fachwerkhäuser auf dem Marktplatz ist das **Stadtbräustüberl**. Es entstand Mitte des 17. Jahrhunderts. Am Marktplatz befindet sich auch die **Alte Kanzlei**. Dazu gehört das Amtshaus der markgräflichen Herrschaft (Haus Nr. 38), später Stadtschreiberhaus. Die Anwesen (Haus Nr. 40–44) sind der ehemalige Sitz der Amtmänner. Das war einst ein größerer Komplex mit Wohnhaus, Stallungen, Lagerhäusern und Salzstadel.

Durch den Bau der **Valentin-Passage** entstand ein idyllischer Fußweg entlang der Stadtmauer mit schönem Blick auf die Altstadt. Der **Gaukler-Brunnen** entstand aus einem Bierkühler der ehemals hier stehenden Brauerei Valentin.

Gehen wir die Hauptstraße weiter, kommen wir noch zum **Riffelmacherhaus** (Hauptstraße 43, Markgrafenapotheke), einem der schöns-

Herbstlich leuchten die Kürbisse.

ten Fachwerkhäuser in Franken. Das Kellergewölbe stammt aus dem späten Mittelalter, der Fachwerkoberbau mit den Ecktürmchen wurde im 17. Jahrhundert aufgesetzt.

Unterwegs auf dem Mühlenweg.

Wanderung auf dem Mühlenweg

Der Mühlenweg führt durch das malerische Tal der Roth und vorbei an zahlreichen historischen Mühlen. Damit kann man sich einen guten Eindruck über das wirtschaftliche Leben in dieser Region verschaffen. Die Wassermühlen im Tal der Roth gelten als eine Besonderheit, da sie meistens an den zufließenden Bächen mit relativ wenig Wasserführung liegen. Landschaftlich reizvoll sind die wasserreichen Wiesen des Rothtals und die trockenen Sandböden mit ihren Kiefernwäldern.

Von Roth zum Historischen Eisenhammer Von Roth aus kann man einen schönen Rundwanderweg durch das Rothtal machen und dabei eine Reihe von interessanten Mühlen besuchen. Vom **Bahnhof Roth** aus wandern wir durch den Stieberpark zur Altstadt und gelangen zur **Oberen Mühle**. In diesem Areal ist das Fabrikmuseum untergebracht. Es beschäftigt sich natürlich ausführlich mit der leonischen Industrie, die für die Stadt prägend war. Empfehlenswert ist ein Besuch insbesondere, weil an laufenden Maschinen die Produktion leonischer Ware gezeigt wird. Außerdem kann man sich in diesem Ambiente gut auf den Mühlenweg einstimmen (Tel. 09171/605 64, www.fabrikmuseum-roth.de; geöffnet April–Oktober jeweils samstags und sonntags 13.30–16.30 Uhr).

Wir schlagen rechts den Weg durch die Auen der Roth ein. Nachdem wir auf einem befestigten Weg die Ortschaft verlassen haben, biegen wir rechts in einen Waldweg ab. Auf immer schmäler werdenden Pfaden wandern wir entlang des Tals, bis ein rechts abgehender Wirtschaftsweg zum Ufer der Roth nach Hofstetten führt. Wir biegen links ab, um dann rechts auf einem befestigten Weg den Ort zu verlassen. Ein Waldweg zweigt rechts ab und führt an das Ufer der Roth.

In diesen Gebäuden arbeitete einst ein mächtiger Eisenhammer.

Auf einem schmalen Pfad gelangen wir zum **Museum Historischer Eisenhammer** (ganz in der Nähe des Rother Ortsteils Eckersmühlen). Der Eisenhammer ist ein beeindruckendes Monument unserer Industriekultur, das bis 1974 noch produzierte. Man hat es in ein »lebendiges Museum« verwandelt, in dem die Besucher das Handwerk des Hammerschmiedens eindrucksvoll erleben können. Auch die Ausstellung der verschiedensten Geräte ist interessant. Über fünf Generationen war das Anwesen im Besitz der Familie Schäff. Im Herrenhaus werden in vier Räumen die Lebensumstände der Besitzerfamilie mit Mobiliar, Hausrat und vielen hübschen Kleinigkeiten nachgebildet (Öffnungszeiten: März: Samstag, Sonntag 13–17 Uhr, April–Oktober: Mittwoch–Sonntag, Feiertage 13–17 Uhr).

Das Wohnhaus der Betreiber des Eisenhammers

Von Eckersmühlen zur Fuchsmühle Wir folgen dem Wegweiser »Eckersmühlen« und überqueren Verkehrsstraße und Bahngleise, um links den straßenbegleitenden Weg einzuschlagen. Vorbei am Bahn-

75

Die katholische Stadtpfarrkirche dominiert den Ort Hilpoltstein.

hof von Eckersmühlen wandern wir entlang eines befestigten Weges nach **Wallersbach**. Von hier aus führt ein Waldweg zur Paulusmühle und zur Seitzenmühle.

Die Mühlen wurden meist nach ihren Betreiberfamilien benannt. So hieß auch die **Paulusmühle** ursprünglich Wengersmühle, weil eben ein Otto Wenger 1434 die Mühle bewirtschaftete. Sie gehörte damals zusammen mit anderen Mühlen dem Kloster Walderbach. 1581 wurde Paulus Pößel, der Dorfrichter von Hofstetten, Mühlenbetreiber. Seitdem hieß die Mühle Paulusmühle. Letzte Betreiber waren seit 1917 Angehörige der Familie Wurm. Heute steht die Mühle leider still und die Gebäude verfallen allmählich.

Ganz in der Nähe befindet sich die **Seitzenmühle**. Auch sie leitet ihren Namen vom Betreiber ab. 1488 war ein gewisser Hermann Seitz auf der Mühle. Später wechselten sich wie so häufig die Betreiber-

familien ab und schließlich musste auch Heinrich Lochmüller, der die Mühle bis ins hohe Alter betrieb, aufgeben. Heute befindet sich auf dem Mühlengelände ein Garten- und Landschaftsbaubetrieb.

Die Stephansmühle auf dem Mühlenweg

Wir sind jetzt in der Nähe von Hilpoltstein, können hier die Wanderung abbrechen und mit der Gredlbahn zurück nach Roth fahren oder einen Abstecher nach **Hilpoltstein** machen. Dann folgen wir der Straße zum Bahnhof, um zur historischen Altstadt zu gelangen.

Man kann aber auch noch ein Stück dem Mühlenweg folgen, ehe man umkehrt. Dann führt der Weg nach Hofstetten und schließlich zur **Fuchsmühle**, wo sich eine Einkehr lohnt.

Im idyllischen Wiesengrund der kleinen Roth gelegen, wird der Ort **Hofstetten** 1142 erstmals genannt. Als Stiftung für das Kloster Walderbach war er über 600 Jahre in dessen Besitz. Auch die Hofstetter Mühle gehörte zu diesem Klosterbesitz. Sie ist mehr als 700 Jahre alt.

77

Das heute noch gut erhaltene Mühlengebäude mit seinem hohen Walmdach stammt aus den Jahren um 1750. Die Mühle wurde noch bis 1975 betrieben.

Durch das Rothtal vorbei an zahlreichen Mühlen Zur Fortsetzung der Rundwanderung kehren wir wieder zurück zur Paulus- und Seitzenmühle. Wir gehen auf dieser Seite der Roth weiter und kommen bald zur Knabenmühle und zur Stephansmühle.

Die Knabenmühle geht zurück auf den Betreiber Johannes Knab aus dem Jahr 1544. Trotz Modernisierungsmaßnahmen im 20. Jahrhundert musste die Mühle 1980 den Betrieb einstellen. Der Name der **Stephansmühle** geht zurück auf den Müller Hans Steffel, der die Steffelsmühle 1495 in Betrieb hatte. 1625 kaufte Freyherr Raymund von Imhoff die Mühle und richtete sie als Wohnhaus ein. Seine Nachfolger gestalteten sie sogar zu einem kleinen Schlösschen um. Die Mühle selbst war verpachtet, aber auch ihr Betrieb war allmählich nicht mehr rentabel und das gesamte Anwesen verfiel. Noch vor dem Zweiten Weltkrieg wurde der Mühlenbetrieb eingestellt. Heute ist auf dem Anwesen eine Pferdezuchtstation entstanden, der anspruchsvolle Pferdesport wird hier gepflegt.

Nach Überquerung der Bahngleise führt der Weg durch einen Kiefernwald und nach Überquerung der Verkehrsstraße durch Ackerland. Wir biegen links auf einen befestigten Wirtschaftsweg ab, der am Weiherhaus vorbei nach **Haimpfarrich** am Main-Donau-Kanal führt. Nach einer kurzen Strecke führt im Wald ein schmaler Pfad links über die Kleine Roth. Wir wandern durch das Wiesental zur Leonhardsmühle. Auf der anderen Seite des Weges befindet sich die Brückleinsmühle. Und folgt man diesem Weg noch ein kurzes Stück, kommt man zur Lösmühle. Wir gehen zurück zur Leonhardsmühle, überqueren die Verkehrsstraße und erreichen Eckersmühlen.

Die **Leonhardsmühle** ist schon 1363 erwähnt, wechselte aber mehrmals ihren Namen und ihren Besitzer. 1966 wurde der Mahlbetrieb eingestellt. Das Elektrizitätswerk arbeitete noch lange für das öffentliche Netz. Heute befindet sich in dem Anwesen ein Antik-Laden.

Die **Brückleinsmühle** liegt an einem alten Verkehrsweg von Roth nach Hilpoltstein. Die Mühle gehörte im 15. Jahrhundert zum Hochstift Eichstätt. 1885 wurde das Anwesen von den Familien Grimm und Wolkersdorfer gekauft, die hier einen leonischen Betrieb aufzogen. Noch heute gibt es hier eine Werkstatt für leonische Waren, die von den Nachkommen der Familie Grimm betrieben wird.

Die **Lösmühle** hieß früher »Mühl an der reißenden Leithen«. Aus dem Namen kann man bereits erahnen, dass die hier gemächlich fließende Roth bei Hochwasser zu einem reißenden Fluss werden konnte. Erbauer der Mühle war im 13. Jahrhundert der Burgherr Heinrich von Stein. Heute wird das Anwesen von einer Familie Dirsch betrieben, die zwar den Mahlbetrieb 1972 einstellen musste, aber das Sägewerk nach wie vor erfolgreich betreibt.

Eckersmühlen ist mit 2800 Einwohnern der größte Ortsteil der Stadt Roth. Am Rathaus vorbei folgen wir dem Wegweiser zum Historischen Eisenhammer. Auf dem Museumsgelände schlagen wir den Weg nach Roth ein, der über eine Wiese und durch einen Wald nach Hofstetten führt. Wir passieren das Gasthaus »Zur Linde« und überqueren Verkehrsstraße und Bahngleise. Die Wegmarkierung führt uns durch Ackerland und Kiefernwälder bis nach Roth. Über den Stadtpark gelangen wir zum Ausgangspunkt der Wanderung zurück.

Empfehlenswert ist ein Besuch im Museum von Schloss Ratibor.

9 Hilpoltstein und der Rothsee

Wanderung um den Rothsee und Radtour nach Heideck und Pyras

■ **Ausgangspunkt** Hilpoltstein
■ **Anfahrt**
Auto A 9 Nürnberg–Ingolstadt, Ausfahrt Hilpoltstein.
Bahn Bahnverbindung ab Nürnberg Hbf. über Schwabach und Roth.
■ **Streckenlänge**
Wanderung Hilpoltstein – Heuberg – Großer Rothsee – Hilpoltstein: 15 km – 3:30 Std.
Radtour Hilpoltstein – Heideck – Pyras: 35 km – 6 Std.
■ **Highlights** Stadtrundgang Hilpoltstein mit Burganlage und Museum »Schwarzes Roß«; Rothsee; Heideck
■ **Tourist-Info** Amt für Kultur und Tourismus, Maria-Dorothea-Straße 8, 91161 Hilpoltstein, Tel. 09174/97 86 07, www.hilpoltstein.de

Im mittelalterlich geprägten Städtchen Hilpoltstein lohnt sich der Besuch der Burgruine und des Museums »Schwarzes Roß«. Die Wanderung führt hinauf auf den Heuberg und rund um den Rothsee. Wer auf »mehr« Lust hat, kann noch den Burgort Heideck aufsuchen und sich bei einem süffigen Bier in Pyras erholen.

Stadtrundgang durch Hilpoltstein

Die Anfänge von Burg und Stadt reichen bis ins 10. Jahrhundert zurück. Die wichtigste historische Sehenswürdigkeit ist die Befestigungsanlage auf dem **Hilpoltsteiner Burgberg**. Die Burg war bis 1385 Stammsitz der Herren von Stein (wovon sich auch der Name der Stadt ableitet), danach ein wichtiger Stützpunkt der Herzöge von Bayern. Nach mancherlei Umbauten ließ die Pfalzgrafenwitwe Dorothea Maria 1606 einen neuen Treppenturm anbauen. Unterhalb der Hauptburg befanden sich im jetzigen Altenpflegeheim Schreibstuben, Dienstbotenquartiere und Stallungen. Ab 1700 erfolgte, als die Burg nicht mehr bewohnt wurde, der teilweise Abbruch. Heute ist die Burgruine zumindest in den Sommermonaten wieder begehbar und im Juli wird sie beim Burgfest zu einer wunderbaren Naturbühne.

Zu der Burganlage gehört auch noch das **Haus des Gastes,** heute Touristeninformation, Kulturamt, Stadtbücherei und Geschäftsstelle der Volkshochschule, einst 1473 als Getreidespeicher auf dem Gelände der Vorburg erbaut. Im Jahr 1860 erfolgte ein größerer Umbau und das Gebäude diente den Bürgern für soziale Dienste, beherbergte ein Spital und einen Kinderhort. Von 1880 bis 1972 waren hier die Beamten des Landratsamtes Hilpoltstein tätig.

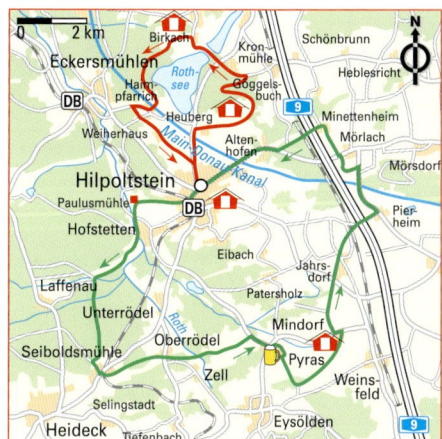

Die katholische Stadtpfarrkirche von Hilpoltstein ist von Fachwerkhäusern umgeben.

Das Rathaus stammt aus dem Jahr 1417.

Ein wunderschönes Gebäude ist das heutige **Amtsgericht**, ein Renaissancegebäude, das 1618 Pfalzgraf Johann Friedrich erbauen ließ. Bemerkenswert sind auch die Stuckdecken mit mythischen Motiven. Nur ein Jahr später wurde der zweigeschossige Saaltrakt aus Sandstein angebaut.

Das **Rathaus** hat man in einem alten Handelshaus aus dem Jahr 1417 eingerichtet. Schon im Mittelalter wurden in diesen Mauern Gerichtssitzungen abgehalten. Im Erdgeschoss befanden sich Läden und die Poststation. In den Jahren 1995/96 wurde der Bau von Grund auf saniert. Vor dem Rathaus steht der Marktbrunnen mit einem Brunnenmännlein. Es wurde 1560 von einer Nürnberger Gießerei gefertigt.

Im 13. Jahrhundert war Hilpoltstein von einer Stadtmauer mit acht Türmen umgeben. Die Mauer ist in großen Teilen noch vorhanden, von den Türmen ist nur ein einziger übrig geblieben. Es ist der

Tipp

Beim Burgfest schlüpfen jedes Jahr 800 Bürgerinnen und Bürger in detailgetreue historische Kostüme und verwandeln die Stadt am ersten Augustwochenende in ein farbenfrohes Meer an Fröhlichkeit. Hilpoltstein feiert vier Tage lang den Einzug der Pfalzgräfin Dorothea Maria im Jahre 1606, die für über 30 Jahre auf der Burg ihren Witwensitz hatte.

Beim Burgfest kleiden sich die Bürger wie ihre Vorfahren und feiern auf der Burg und in der ganzen Stadt.

Döderleinsturm. Seinen Namen leitet er von dem Arzt Dr. Döderlein ab, der im Turm lebte und während des 30-jährigen Krieges Kranke versorgte. Heute werden in dem Turm Ausstellungen präsentiert.

Über die Geschichte kann man sich am besten im Stadtmuseum informieren. Es ist im Anwesen »Schwarzes Roß« untergebracht, früher, wie der Name sagt, ein Brauereigasthof mit Hotel. Das historische Brauhaus und das Malzhaus aus dem 16. Jahrhundert sind wichtiger Teil des Museums.

Ein Wahrzeichen der Stadt ist die kath. **Stadtpfarrkirche**. Beeindruckend ist die breite Freitreppe, die zum Vorplatz führt. Seitlich erheben sich zwei Apostelfiguren aus Sandstein. Auffallend ist die Formenvielfalt der Kirche. Chor und Turm sind gotisch (1473), das Langhaus wurde in der Art des Deutschordens 1732 neu gebaut. Weiterhin hat man viele Teile der Kirche, wie es einmal üblich war, im Barockstil umgearbeitet.

Schöne Fachwerkhäuser gibt es überall in Hilpoltstein.

Am Rande der Stadt gibt es noch einen geschichtsträchtigen Bier-keller aus dem Hause Pyraser, den **Hilpoltsteiner Kreuzwirtskeller.** Seit 1975 ist er ein viel besuchtes Kulturzentrum. Stars und New-comer treten gleichermaßen auf. Die Veranstaltungen reichen von großen Festivals über Konzerte, Dichterlesungen bis hin zu Theater- und Kabarettdarbietungen.

Der Rothsee ist ein Freizeitrefugium für Besucher von nah und fern.

Wanderung zum Rothsee

Von Hilpoltstein ist es nur ein Katzensprung bis zum Rothsee. Der Stausee ist ein beliebtes Naherholungs-gebiet. Er gliedert sich in zwei Teile, eine Vor- und eine Hauptsperre. Die Vorsperre hat eine Größe von 50 ha, davon sind ca. 20 ha Naturschutzgebiet. Die Haupt-sperre ist 160 ha groß, davon 10 ha Naturschutzgebiet. Großzügige Badebereiche sind ausgewiesen. Auf ge-pflegten Liegewiesen lässt es sich entspannen und ausruhen. Kinder können auf drei modernen, groß-zügig angelegten Spielplätzen herumtollen. Rund um den Rothsee gibt es zudem viele Wander- und Spazier-möglichkeiten: 1. Wanderung um den Großen Roth-

Auf der Wanderung kann man sich auch an kleinen Seen ausruhen.

Der Rothsee hat eine Gesamtfläche von 2,1 Quadratkilometern.

see, Länge: 6,7 km. 2. Wanderung um den Kleinen Rothsee, Länge: 5,2 km. 3. Wanderung um beide Seen herum, Länge: 11,2 km.

Wanderung rund um den Heuberg

Die Wanderung beginnen wir am Stadtrand von Hilpoltstein am E-Center in der Neuburger Straße. Wir folgen dem Fußweg auf der rechten Seite der Staatsstraße. Über eine Brücke überqueren wir den Main-Donau-Kanal. Wir verlassen den Weg zum Rothsee und biegen nach rechts nach Heuberg ab. Der Weg steigt leicht an bis zum Ortsrand von **Heuberg.** Wir verlassen den Ort in gerader Richtung über ein Höhenplateau, vorbei an Feldern und Wiesen. Linker Hand ist ein Waldstück. Nach diesem biegen wir nach links ab und passieren schön gelegene kleine Weiher. Die Ausschilderung führt ein Stück durch den Wald und beschreibt einen Bogen, bis man auf der anderen Seite des

Waldes bei Kronmühle herauskommt. Einkehren kann man in der Gaststätte »Zum Wiesengrund«. Nun folgen wir dem Weg gerade-wegs zum **Rothsee**. Wir erreichen den Damm, von dem man auf der anderen Seite bereits die Häuser von Birkach sieht. Hier biegen wir nach links ab und nehmen den Uferweg um den See herum. Von diesem Weg hat man immer wieder schöne Blicke auf den See. Wir folgen dem Weg bis zum Hinweisschild zur Schleuse »Eckersmühlen«. Die Schleuse ist durchaus beeindruckend. Begibt man sich auf die Schleusenplattform, kann man von hier den gesamten Schleusen-vorgang beobachten. Nach der Schleuse führt der Weg ein kleines Stück zurück, am Kanal entlang, bis wir linker Hand nach Haim-pfarrich kommen. Einkehren können wir hier in der Gaststätte »An-dreas Reitenspieß« (Dienstag Ruhetag). Von Haimpfarrich kann man entweder durch Äcker und Wiesen nach Hilpoltstein zurückkehren oder man wandert am Kanal entlang, bis man die Staatsstraße er-reicht, auf der wir unseren Hinweg begonnen haben.

Radtour nach Heideck und Pyras

Eine abwechslungsreiche Radtour führt uns vom Bahnhof Hilpolt-sein zur Paulusmühle und nach Hofstetten. Von dort führt der Weg durch den Laffenauer Wald bis zum Ort Heideck.

Stadtrundgang durch Heideck Im Tal der kleinen Roth, die west-lich von Heideck am Schlossberg entspringt, liegt die Stadt mit dem Namen der Herren von Heideck, die einst auf den Höhen um Heideck zwei Burgen erbauten, von denen aber nichts erhalten ist. Dafür ist aber die mittelalterliche, ovale Stadtanlage im Grundriss fast unverändert erhalten. Leider wurden jedoch die Stadtmauer und die beiden Tortürme im 19. Jahrhundert weitgehend abgetra-gen. In der Altstadt kann man jedoch anhand der stattlichen Bürger-häuser die einstige Bedeutung der Stadt gut nachempfinden. Die hochgiebeligen Scheunen sind ein Beweis dafür, dass in und um Heideck bis vor kurzem viel Hopfen angebaut wurde.

Der älteste Teil der **Pfarrkirche St. Johannes** ist der 1457 geweihte gotische Chor. In der Rokokozeit baute man ein neues Kirchenschiff an, das 1901 verlängert wurde. Das hat sich etwas auf die Propor-tionen der Kirche ausgewirkt. Das Innere birgt einige wertvolle Kunstschätze, beispielsweise die spätgotische Madonna vom Beginn des 16. Jahrhunderts.

Der **Marktplatz** ist von alten, ehrwürdigen Häusern geprägt, darun-ter einige Fachwerkhäuser, die meistens im 15. und 16. Jahrhundert

Einkehr-Tipps am Rothsee

Gasthaus Rothsee im See-zentrum Heuberg, Am Rothsee 1, Hilpoltstein, Tel. 09174/49 24 20, www.gasthausrothsee.de; Strandhaus Birkach, An der Rothsee-Vorsperre, Roth, Tel. 09176/17 00, www.strandhaus-birkach.de; Strandhaus Grashof, An der Rothsee-Vorsperre, Allersberg, Tel. 09176/902 93, www.rothseewirte.de.

Heiligenfiguren begegnen einem auf den Wegen immer wieder.

erbaut wurden. Das heutige **Rathaus** wurde in den Jahren 1476–81 als Zehntscheune errichtet. In dem großen Sandsteinbau mit dem dreigeschossigen Dachboden und den Staffelgiebeln aus der Mitte des 19. Jahrhunderts war ausreichend Platz, um den »Zehnt«, der früher als Naturalsteuer erhoben wurde, aufzubewahren. 1861 erwarb die Stadt das Gebäude und richtete darin eine Schule ein. Heute wird das wunderbare Gebäude als Rathaus genutzt. Die heimatkundliche Sammlung im Erdgeschoss des Rathauses zeigt Geräte, Produkte und Lebenszeugnisse aus dem täglichen Leben früherer Zeit. Ein Anziehungspunkt ist die alte Schulstube, in der Kinder auf Schiefertafeln ihren Schulfrust loswerden können (geöffnet: März–Oktober Sonntag 14–16 Uhr).

Von den Stadtmauern ist nicht viel übrig geblieben, weil sie die Bürger u. a. in ihre Häuser und Scheunen integriert haben. Das kann man besonders gut vom nördlichen Stadtgraben aus sehen. Die Gärten davor liegen tiefer und deuten damit den ehemaligen Stadtgraben an. Dieser war früher sogar mit Wasser gefüllt. Leider empfand man das als unnütz, legte ihn 1928 trocken und füllte ihn in den 1950er Jahren mit Bauschutt und Müll auf. Glücklicherweise wurden auf dem einen oder anderen Teilstück die Bauerngärten angelegt.

Die **Frauenkirche** ist das Schmuckstück der Stadt. Sie ist die älteste Kirche im Ort, 1419 von Friedrich II. geweiht. Dieser hatte sich Heideck als Grabstätte für die Dynastie ausgesucht. Als man 1960 die Kirche renovierte, legte man in Chor und Langhaus Fresken aus der Erbauungszeit frei. Sie sind heute eine ganz besondere Sehenswürdigkeit. Auffallend ist ein für Franken durchaus typischer Zwiebelturm, der sich aus einem gotischen Sandsteinbau erhebt. Der Turm war früher auch noch mit Fachwerk verziert.

Von den vielen schönen Häusern sei noch das Gebäude Hauptstraße 13 (1603) erwähnt, das eine schöne Renaissance-Fassade aufweist. Da es als Wohnhaus für den Kastenmesser diente, trägt es auch den Namen Kastenmesserhaus. Der Kastenmesser war übrigens zuständig für das Eintreiben der Finanz- und Naturalabgaben.

Wer noch einen kurzen Abstecher machen möchte, kann im Norden von Heideck **Schloss Kreuth** besuchen. Über 430 Jahre ist das Anwesen alt, bestehend aus einem Herrschaftsgebäude und einer großen

Landwirtschaft. Nach einem Großbrand 1979 wurde Schloss Kreuth als Reiterhof und Ferienpension aufwändig wieder aufgebaut und renoviert.

Von Heideck nach Pyras Von Heideck fährt man über Oberrödel zum verschlafen wirkenden Dorf Pyras. Das Besondere daran ist die Brauerei, in der das Pyraser gebraut wird. Gegründet wurde die Brauerei 1870, heute sind hier über 60 Mitarbeiter beschäftigt (Pyras 26, Thalmässing, Tel. 09174/47 47–0, www.pyraser.de).
Der Radweg führt über Mindorf nach Jahrsdorf und unterquert dann die Autobahn. Kurze Zeit geht es parallel zur Autobahn weiter nach Mörlach, bei Minettenheim wird dann nochmals die Autobahn und auch die Eisenbahnlinie unterquert, bevor es über den Main-Donau-Kanal zurück nach Hilpoltstein geht.

Der Marktplatz von Heideck ist von schönen Fachwerk-häusern geprägt.

10 Georgensgmünd: kleiner Ort, große Kunst

Skulpturenweg und Planetenweg

■ **Ausgangspunkt** Georgensgmünd
■ **Anfahrt**
Auto A 6 Ansbach–Nürnberg, Ausfahrt Roth, B 2 über Roth bis Abzweigung Georgensgmünd.
Bahn Bahnverbindung ab Nürnberg Hbf.
■ **Streckenlänge**
Wanderung 1 Skulpturenweg nach Oberheckenhofen: 2,5 km – 0:45 Std. (einfach)
Wanderung 2 Planetenweg nach Spalt: 7,5 km – 2:15 Std. (einfach)
■ **Highlights** Stadtrundgang Georgensgmünd auf dem Brunnenweg; Kunstwerke auf den Themenwegen
■ **Tourist-Info** Rathaus Georgensgmünd, Bahnhofstr. 4, 91166 Georgensgmünd, Tel. 09172/70 30, www.georgensgmünd.de

Georgensgmünd ist eine absolute Überraschung, zunächst scheint es nur ein kleines, unscheinbares Dorf zu sein. Aber kaum hat man den Ort betreten, so begeistern einen Geschichte, Kunst und ein lebendiger Alltag. Zwei Themenwanderwege bieten viel Abwechslung in schöner Landschaft.

Stadtrundgang durch Georgensgmünd

Selbst für eine Stadtbegehung bietet Georgensgmünd noch ein künstlerisch gestaltetes Thema an: den Brunnenweg. Es gibt acht künstlerisch gestaltete Brunnen im Zentrum und in den Ortsteilen, von denen jeder einzelne aus künstlerischer Sicht einen Besuch wert ist. Dahinter verbirgt sich aber auch die Wertschätzung des Wassers für Georgensgmünd.

Wir beginnen unseren Spaziergang am Bahnhof, der jenseits der Fränkischen Rezat liegt, nämlich im Ortsteil **Friedrichsgmünd**. Am Bahnhofsvorplatz wird man mit dem **Bahnhofsbrunnen** konfrontiert. Sehr gegenständlich stellt er drei Brüder dar und verweist damit auf die Gründungsgeschichte des Ortes. Angeblich haben sich

Am langgestreckten Marktplatz stehen wunderschöne Fachwerkhäuser.

Feste in Georgensgmünd

Wasserradfest (jährlich am letzten Sonntag der Pfingstferien), Volksfest im Ortskern; Gmünder Kirchweih (1. Wochenende im August); Gmünder Weihnachtsmarkt (2. Adventswochenende); Bauernmarkt am Wasserrad (1. und 3. Samstag im Monat 8–12 Uhr).

Fachwerkhäuser umgeben auch die evangelische Kirche St. Georg.

die drei Bruder Georg, Friedrich und Peter auf der Suche nach fruchtbarem Land im Rezattal niedergelassen. Der Sage nach sollen sie die Namensgeber für die gleichnamigen Ortsteile gewesen sein. Die Mittelsäule mit dem Wasserrad steht für die Entwicklung von Handwerk und Gewerbe und weist insbesondere darauf hin, dass diese Entwicklung eng mit der Wasserkraft verbunden war. Schließlich münden drei Zuflüsse – die beiden Rezats und das Steinbächlein – in das zentrale Becken aus hellem Jurakalkstein,

das den Ort selbst darstellt, und fließt als »Rednitz« in vielen Windungen wieder ab.

Ein paar Schritte auf der gegenüberliegenden Straßenseite zweigt der Kirchenweg nach links ab zur kath. **Kirche St. Wunibald**. Die Kirche selbst ist nicht aufregend, aber im Brunnengebilde dreht sich in einer Schale eine große, braungraue Granitkugel auf einem dünnen Wasserfilm.

Wir gehen nun zum Rathaus. Vor der Sparkasse befindet sich der älteste Künstlerbrunnen Georgensgmünds: der **Hopfenbrunnen**. Das Becken ist in Kleeblattform gestaltet. Daraus erhebt sich eine Metallsäule, die von einer Hopfendolde gekrönt ist. Dahinter verbirgt sich die Botschaft, dass der Hopfenanbau- und -handel noch bis vor wenigen Jahrzehnten eine der wichtigsten Einnahmequellen des Ortes war. Die scheinbar lose herumliegenden Münzen am Fuß der Säule sollen daran erinnern, dass die Wirtschaft sich auch so gut entwickeln konnte, weil Georgensgmünd an zwei wichtigen Handelsstraßen lag: der so genannten »Venetianerstraße« als Verbindung von Thüringen über Weißenburg–Augsburg nach Italien und der alten »Franken-« oder »Weinstraße« in Ost-West-Richtung, die auf ihrem

Die Kirche St. Georg ist eine typische Markgrafenkirche mit einem schlichten Inneren.

Teilabschnitt zwischen Spalt und Georgensgmünd »Judenstraße« genannt wurde.

Auf der anderen Straßenseite gibt es ein sehr schön saniertes Ensemble um das Schlösslein. 1666 ließ der Ansbacher Markgraf Albrecht V. nahe der Brücke über die Fränkische Rezat ein repräsentatives Gebäude erbauen. Von 1666 bis 1712 wohnten dort markgräfliche Bedienstete. 1995 erwarb die Gemeinde das mittlerweile stark renovierungsbedürftige historische Gebäude, in dem sich zwischenzeitlich eine Gastwirtschaft befand. Die Renovierung ist gelungen. Seit September 1999 ist das Gast- und Bürgerhaus Krone wieder geöffnet.

Der mit grün glasierten Ziegeln gedeckte, achteckige Turm der Kirche St. Georg.

Der große jüdische Friedhof zeugt von einer bewegten jüdischen Geschichte des Ortes.

Ehe man die Brücke über die Rezat passiert, erreicht man auf der rechten Seite das historische **Wasserrad**, das Wahrzeichen Georgensgmünds. Hier begann für die Gemeinde das industrielle Zeitalter. 1733 errichtete man an dieser Stelle eine Papiermühle, die von der Fränkischen Rezat angetrieben wurde. 1861 wurde diese in eine Glasschleiferei umgewandelt und um die Jahrhundertwende erwarb Johann Schaller das Werk, um polierte Holzwaren herzustellen. 1983 ließ es die Gemeinde zusammen mit einem neuen Wasserradhäuschen an der Stelle errichten, an der das frühindustrielle Zeitalter des Ortes einst begonnen hatte. Nach der Brücke kommt man zum **Marktplatz**, wo vor der Raiffeisenbank ein sehr interessanter moderner **Ziehbrunnen** frisches Wasser spendet. Es ist zu empfehlen, einen kleinen Abstecher in die Fußgängerzone »Am Anger« zu machen. Hier kommt man bald zu der **ehemaligen Synagoge** (1734). Seit 1988 ist der Bau Eigentum der Gemeinde, die dort einem jüdischen Museum Raum gegeben hat.

Linker Hand, am Ende des Marktplatzes befindet sich das älteste Haus des Ortes, ein mächtiger fränkischer Bauernhof in Fachwerk. Der Weg zum nächsten Brunnen führt in das kleine Mühlgässlein am Ende des Marktplatzes, zum evangelischen Gemeindehaus. Dieser Brunnen soll das Johannes-Evangelium symbolisieren. Das Wasser rinnt über einen mit wellenförmigen Linien verzierten Steinblock.

Vom Mühlgässlein geht es zum **Georgsbrunnen** vor der ev. Kirche, die sich hoch über dem Marktplatz erhebt. Georg, Namenspatron des Gotteshauses und gleichzeitig Drachentöter, erhebt sich über dem Becken aus Jurakalkstein. Der grün glasierte, achteckige Turm von St. Georg ist weithin sichtbar und somit auch Wahrzeichen und Namensgeber des Ortes. Nachweisbar ist ein kirchliches Leben in Georgensgmünd seit dem 14. Jahrhundert. Zu dieser Zeit gab es hier wohl eine romanische Kirche. Auf deren Grund wurde 1757/58 die heutige Kirche erbaut. Sie ist eine Vertreterin der typischen Markgrafenkirche: schlicht, nüchtern, in Weiß, mattem Blau und Grau gehalten und unter weitgehendem Verzicht auf Schmuck und Ornamente. Die Architektur soll dem Wort zur Geltung verhelfen: Emporen schaffen Raum und die Kanzel steht im Mittelpunkt der Aufmerksamkeit.

Das Mahnmal am ehemaligen Standort der Synagoge.

Blick auf den jüdischen Friedhof.

Zum Schluss der Stadtbegehung sollte man noch den beeindrucken-den **jüdischen Friedhof** aufsuchen. Vom Marktplatz nimmt man die Straße »Judenbastei«. Am oberen Ende erstreckt sich der größte fränkische Judenfriedhof. Er wurde um 1580 angelegt. Auf einer Fläche von 11 800 m² sind etwa 1800 Grabsteine erhalten. Das renovierte Tahrahaus stammt aus dem Jahr 1723 und gehört zu den ältesten dieser Größe in Bayern. Der Besuch des Friedhofs ist sehr beeindruckend.

Der Skulpturenweg entstand im Jahr 2000. Die Skulptur unten heißt »Kapelle mit Davidsstern-Grundriss«.

Wanderung 1: der Skulpturenweg

Kunst hat in Georgensgmünd viele Liebhaber. So entstand auch der Skulpturenweg, der zum Jahreswechsel 1999/2000 eröffnet wurde. Die Unternehmer des Ortes garantierten die Finanzierung, die Künstler schufen 15 Skulpturen, die entlang des Weges aufgestellt wurden.

Die »sitzende Figur« an der Hauptstraße

Skulpturen entlang des Wanderweges

Vom Wasserrad aus führt der Weg unter der Straßenbrücke hindurch zum Freizeitpark. Gleich nach der Brücke steht man vor dem ersten Kunstwerk »Stele mit Kugel«. Die Skulptur soll die Widersprüche des Lebens ausdrücken: ruhend gegen labil, rechteckig gegen rund.

Nicht weit entfernt ist die Skulptur »Kapelle«. Sie ist nicht so einfach erlebbar. Etwas Nachdenken ist angesagt. Dann stellt man fest, dass der Davidstern als Grundriss dient, ein Hinweis auf die jüdische Vergangenheit des Ortes. Jenseits der Rezat sieht man im Garten des Fachwerkhauses die steinerne Rezatnymphe. Nur bei niedrigem Wasserstand kann man über die Steine die andere Seite des Flusses erreichen. Rechts am Weg scheint sich das »Zahnrad« in den Boden eingegraben zu haben.

Der Weg führt unter einem Viadukt hindurch. Dort befindet sich ein monumentaler »Spannungsbogen«, der einen Ausgleich schaffen will. Bevor man dem Weg weiter folgt, empfiehlt es sich, erst das kurze Stück geradeaus zwischen Rezat und Sportplatz zum »Stein an den Wassern« zu gehen. Der Ort ist ebenso eine Besonderheit wie die Skulptur aus hellem Jurakalkstein. Hier findet der Zusammenfluss von Fränkischer und Schwäbischer Rezat zur Rednitz statt.

Wieder zurück an der Holzbrücke, kommt man zur Gmünder Liebessäule, von der Amor und Psyche auf einer Eichensäule auf die Wanderer herunterschauen. Kunst ist hier nicht nur gedacht zum Ansehen, sondern auch zum Anfassen und darüber hinaus auch zum Gestalten. Schnitzwerke, seien es Herzen oder Initialen, sind erwünscht.

Nach einem kurzen Stück überquert man die Straße und befindet sich in den gepflegten Gärten der Schrebergartenanlage. Dort steht die riesige »Schwarze Madonna«. An einem kleinen Spielplatz wacht der Vogel der Weisheit, die Eule, aus Stein gehauen von einem Künstler aus Simbabwe. Und schließlich erhebt sich der Drachenmann hoch in die Luft. Der Totem »Leben« ist ein riesiger Druckstock mit verschiedenen Feldern. Nicht zu übersehen ist die »Sitzende Figur« auf einer kleinen Anhöhe. Zwischen Bahnlinie und Straße platziert, hält sie sich beide Ohren zu und wehrt sich still gegen den Verkehrslärm.

Dann stehen zwei überdimensionale Läufer aus rostfarbenem Stahl in der Landschaft, möglicherweise eine Anspielung auf die nebenan verlaufende Bahn. Sie sind in der Tat aus den Schienen der ehemaligen Spalter Bahn gefertigt worden.

Die weiteren Kunstwerke sind ein dicker, silbergrau gealterter Eichenstamm, die afrikanische Maske mit der Bezeichnung »Spirit Lovers« und schließlich die kraftvolle Plastik »Erhobene Schwere, gebündelte Kräfte«. Der Skulpturenweg endet am Dorfweiher im Gmünder Ortsteil Oberheckenhofen.

Wer nicht denselben Weg zurückgehen möchte, geht weiter nach Unterheckenhofen und fährt von dort mit dem Zug zurück zum Bahnhof nach Georgensgmünd. Empfehlenswert ist auch der umgekehrte Weg: Aussteigen in Unterheckenhofen, nach Oberheckenhofen wandern und dem Skulpturenweg bis Georgensgmünd folgen, wo sich sowohl Einkehrmöglichkeiten als auch der Bahnhof befinden.

Der Planetenweg erschließt dem Spaziergänger unser Sonnensystem.

Wanderung 2: der Planetenweg

Und noch einen zweiten Wanderweg gibt es: den Planetenweg. Er wurde im Sommer 2000 eröffnet und verläuft von Georgensgmünd nach Spalt. Der Planetenweg ist eine besondere Art eines Wanderwegs, bei dem entlang der Wanderstrecke ein maßstabsgerecht verkleinertes Modell des Sonnensystems dargestellt wird. Der Weg beginnt in Ge-

*Start des Planetenweges
am Modell der Sonne*

orgensgmünd. Dort befindet sich die Sonne und blinkt in den Wiesen an der Rezat hinter dem Rathaus von einem künstlerisch gestalteten Stahlgerüst. Der Schluss des Weges mit Pluto befindet sich am ehemaligen Bahnhof von Spalt. Der Weg ist bestens ausgeschildert. Wenn das Sonnensystem im »planetaren Maßstab« 1:1 Milliarde dargestellt werden soll, erstreckt sich ein Planetenweg über insgesamt 6 km, wenn auch Pluto mitaufgenommen wird. Interessant ist die Vorstellung, dass der Wanderer sich bei diesem Maßstab im Verhältnis mit mehr als der vierfachen Lichtgeschwindigkeit »fortbewegt«. Er beginnt zum Beispiel bei der Sonne, einer Kugel von 1,39 m Durchmesser, erreicht nach 149 m die Erde und ist nach knapp 6 km bei dem 2,3 mm kleinen Kügelchen des Pluto angekommen. Er hat entsprechend rund 5,4 Lichtstunden hinter sich gebracht.

11

Rund um die Hopfenstadt Spalt

Wanderung zur Bärenburg und zur Burg Wernfels

- **Ausgangspunkt** Spalt
- **Anfahrt**
Auto A 6 Nürnberg–Schwabach, Ausfahrt Schwabach-West, B 466 bis Wassermungenau, dann Abzweig nach Spalt. Oder A 9, Ausfahrt Allersberg, dann über Roth und Georgensgmünd nach Spalt.
Bahn Von Nürnberg Hbf. mit der Bahn nach Georgensgmünd, dann weiter mit dem Bus nach Spalt.
- **Streckenlänge**
Wanderung 1 Rundweg Spalt – Bärenburg – Stiegelmühle – Spalt: 8 km – 2:30 Std.
Wanderung 2 Stiegelmühle – Burgenwanderweg: 4 km – 1:30 Std.
- **Highlights** Historischer Ortskern und Hopfenhäuser von Spalt; Burg Wernfels
- **Tourist-Info** Tourist-Information, Stadt Spalt, Herrengasse 10, 91174 Spalt, Tel. 09175/79 65-0, www.spalt.de

Inmitten des Fränkischen Seenlandes liegt die Hopfenmetropole Spalt mit einer 1200-jährigen Geschichte. Das Fränkische Seenland fügt sich harmonisch in eine hügelige Landschaft ein. Zwei empfehlenswerte Rundwege führen in die herrliche Umgebung.

Stadtrundgang durch Spalt

Spalt wird geprägt von stattlichen hochgiebeligen Hopfenhäusern, die die Bedeutung des Hopfenanbaus für den Ort signalisieren. Charakteristisch sind die steilen Satteldächer mit bis zu sechs Dachgeschossen und den mächtigen Fachwerkgiebeln. Der Hopfenbau forderte ein großes Dachvolumen zum Trocknen und Lagern des Hopfens. So beginnt man eine Stadtbegehung auch bei solch einem Bau, am besten beim **Kornhaus** am östlichen Stadtrand. Die Fürstbischöfe von Eichstätt ließen den Bau in der ersten Hälfte des 15. Jahrhunderts als Zehntscheune errichten. Der Zehnt bestand aus Naturalabgaben, die auf den vielen Dachetagen bestens gelagert werden konnten. Später wurde das Haus als Hopfenlager und -signierhalle genutzt. Die Vergangenheit möchte die Spalter Gemeinde insbesondere mit diesem Bau bewahren. Ein Kulturzentrum soll hier entstehen und das Spalter Hopfen- und Biermuseum untergebracht werden.

Etwas weiter westlich, Richtung Hauptstraße, folgt das barocke **Rathaus** von 1751–56. Einst war es ein Dekanatshof, später beherbergte es das Rentamt und seit 1933 ist das Rathaus hier untergebracht. Aus der gleichen Zeit (1753–56) stammt auch gleich in der Nähe der Städtische Kindergarten. Er wird bezeichnet als das ehemalige **Doppelkanonikatshaus**, also bis zur Säkularisierung genutzt als Wohnhaus der Kleriker

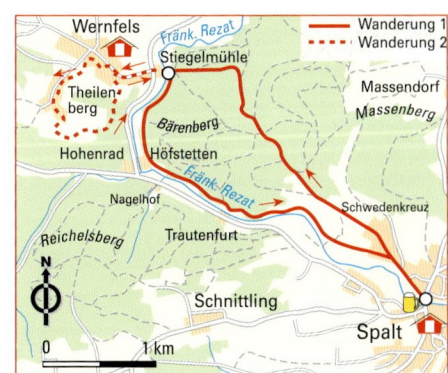

Anfang des 14. Jahrhunderts wurde das Chorherrenstift St. Nikolaus erbaut.

Die Stadt wird geprägt von den Hopfenhäusern mit mächtigen Fachwerkgiebeln.

sowohl des Chorherrenstifts St. Nikolaus wie auch von St. Emmeram. Später beherbergte er die Knaben- und Mädchenschule und schließlich den Kindergarten.

Spalt verfügt gleich über zwei Chorherrenstifte, die sich im Lauf der Zeit zusammengeschlossen haben. Dennoch bestehen ziemlich nahe beisammen zwei mächtige Kirchenbauten. Daraus wird die einstige klerikale Bedeutung von Spalt ersichtlich. Zuerst, im 12. Jahrhundert, gründeten die Chorherren von St. Emmeram die **Pfarrkirche St. Emmeram**. Es gab jedoch hier schon früher, in karolingischer Zeit, eine Kirche bzw. ein Kloster: St. Salvator. Im Jahr 810 wird dieses Kloster erwähnt in einem weltlichen Zusammenhang: Am Hofe der Karolinger sei Wein aus Spalt getrunken worden. Die Pfarrkirche St. Emmeram war ursprünglich eine romanische Basilika. Davon blieb nur noch die Apsis mit romanischen Säulen und Kapitellen unter dem Chor übrig. Die Kirche wurde mehrfach umgebaut und schließlich barockisiert. Die andere, etwas »jüngere« Kirche, die **Stiftskirche St. Nikolaus** (1302–13), gehörte dem gleichnamigen Chorherrenstift St. Nikolaus. Der Bau wurde errichtet aufgrund einer Stiftung des Burggrafen Konrad II. dem Frommen. Seine Gattin und er sind in der Kirche bestattet. Im architektonischen Barockzeitalter gab man sich nicht mit einer Umgestaltung zufrieden, sondern erstellte einen kompletten Neubau (1767–71). In den 1960er und 1970er Jahren wurden beide Kirchen gründlich renoviert.

Der katholische Kindergarten befindet sich seit 1812 im ehemaligen Kastnerhaus (in dem einst der Kastner, Gehilfe des Amtmannes, lebte). Auch dieser Bau wurde barock umgebaut (1738). Aus dieser Zeit stammt eine schöne Stuckdecke im ersten Stock.

Nun folgt man der Straße »Am Kirchplatz«, überquert die Hauptstraße und geht über die Straße »Am Oberen Tor« zum Oberen Tor. Spalt hatte eine beeindruckende Stadtbefestigung, von der heute noch durchaus sehenswerte Anteile übrig geblieben sind. Besonders

Die Kirchtürme von St. Emmeram und St. Nikolaus sind weithin sichtbar.

beeindruckend ist das 1422 erbaute Obere Tor. Der Bau besteht aber nicht nur aus einem Tor, sondern ist ein mächtiger Turm, der ab 1763 auch bewohnt wurde. In ihm befinden sich heute die Handwerkerstuben.

Geht man an der Stadtmauer entlang, kommt man zu einem ganz besonders eindrucksvollen Fachwerkbau, dem **Schlenzger-Haus.** Die Stadtmauer wurde als eine Hausseite genutzt und mit einem etwas unproportioniert wirkenden Wohnhaus überbaut. Dort kann man auch noch ein (allerdings zugemauertes) gotisches Spitzbogentor erkennen, durch das die Anwohner die Stadt verlassen konnten. Zu den erhaltenen Türmen der Stadtbefestigung gehören gleich nebenan der **Reifenturm** (1446) und der **Schäfersturm** (gleiche Bauzeit). Letzterer grenzt auch heute noch die Altstadt zur Windsbacher Straße ab.

Hinter der Kreuzung von Windsbacher Straße und Hauptstraße befindet sich die alte **Stadtmühle.** In ihren Mauern haben die Spalter Bürger die Mauersteine und sogar die Wappensteine des ehemaligen Nürnberger Tores (Unteres Tor) verarbeitet. Daneben befindet sich das **Zollhäuschen,** ein Sandsteinbau mit einem schönen Fachwerkgiebel. Der vielleicht schönste Stadtturm befindet sich in der Gasse Fröschau. Es ist ein mächtiger runder Turm mit aufgesetztem

Einstmals Knabenschule, heute städtischer Kindergarten

Fachwerkgiebel. Der Turm selbst stammt aus dem 14. Jahrhundert, als die Befestigungsanlagen erstellt wurden, der Fachwerkgiebel wurde im Jahr 1862 aufgesetzt. Der Turm trägt den Namen **Dr.-Herkules-Turm.** Damit wird an einen langjährigen Bewohner erinnert: »Stadt- und Landphysikus« Dr. Timotheus Herkules.

Auch die noch verbleibenden Türme der Stadt tragen bezeichnende Namen. Der viereckige **Drechslersturm**, der die Altstadt nach Süden abgrenzt, verdankt seinen Namen den Drechslern, die im Schatten des Turmes ihr Handwerk ausübten. Und schließlich noch der Diebsturm in der Nähe des Oberen Turms. Er diente bis ins 20. Jahrhundert als Gefängnis.

Das **Alte Rathaus** (1542) befindet sich dort, wo die Rathausgasse in die Hauptstraße mündet. Es war zunächst eines der wohlhabenden

Typische Hopfenanlagen

Die Kirchenpforte von St. Emmeram

Bürgerhäuser, wurde aber 1816 von der Stadt gekauft und als Rathaus umgestaltet. Nach 1933 zog die Feuerwehr ein. Und auch heute noch hat es einen Bezug zum Brandschutz in der Stadt. In ihm befindet sich unter anderem eine Feuerwehr-historische Sammlung.

Wanderung 1: Von Spalt zur Bärenburg

Von Spalt aus lassen sich zwei Wanderungen bestens miteinander kombinieren. Zunächst unternehmen wir eine Wanderung zur Bärenburg. Bei diesem Rundwanderweg handelt es sich um eine landschaftlich besonders reizvolle Strecke. Er beginnt in **Spalt** am Kornhausplatz und führt über die Lange Gasse und den Bärenburgweg durch eine hügelige, zunächst offene Landschaft mit Obstbaumanlagen und Hopfengärten und herrlichem Blick auf die Stadt Spalt und das Rezattal. Dann geht es durch Waldgelände zum Ringwall der **Bärenburg,** einer alten keltischen Ringwallanlage (ca. 500 v. Chr.). Ab hier führt der Weg sehr steil bergab zur **Stiegelmühle** im Tal der Rezat. Entlang der Fränkischen Rezat, über **Höfstetten** und **Trautenfurt** kommen wir wieder zum Ausgangspunkt in Spalt zurück.

Wanderung 2: Burgenwanderung ab Stiegelmühle

Bei der **Stiegelmühle** kann man noch eine sehr eindrückliche Burgenwanderung anschließen. Ausgangspunkt dieses Rundwanderweges ist das Gasthaus »Blumenthal« bei der Stiegelmühle. Von dort geht es in den Ort Wernfels und hinauf zur **Burg Wernfels.** Im Burganger kann man an verschiedenen Stellen eine herrliche Aussicht genießen.

Die große Burganlage wurde erst im Jahr 1600 von Bischof Johann Conrad von Gemmingen erbaut. Das erfolgte nicht ganz freiwillig, denn in diesem Jahr war die gesamte ehemalige Burg bis auf die Grundmauern abgebrannt. Der Grund war wahrscheinlich ein Blitzeinschlag im Turm. Eine erste Burg dürfte in der ersten Hälfte des 13. Jahrhunderts von den Burggrafen von Nürnberg erbaut worden sein. Im Frühjahr 1925 wurde die Burg vom CVJM Landesverband Bayern erworben. Seit dieser Zeit dient sie als Tagungsstätte, Freizeitheim und Jugendherberge.

Vor dem Eingang zur Burg führt der Weg weiter über den ehemaligen Kirchenweg nach **Theilenberg**. Der Ort liegt höher als Wernfels und bietet an verschiedenen Stellen einen herrlichen Weitblick in alle Himmelsrichtungen. So ist die Burg Abenberg bei gutem Wetter zu erkennen und unter Umständen kann man noch weit ins Spalter Land sehen. Wir durchwandern den Ort Theilenberg und folgen der Markierung in südlicher Richtung, vorbei am Feuerwehrgerätehaus Richtung Wald. Im bewaldeten Gelände führt uns ein steil abfallender Weg in das Tal der Fränkischen Rezat und zurück zum Gasthaus »Blumenthal«.

Einkehr-Tipps in Spalt
Landgasthof Stache, Ortsteil Mosbach, mit Biergarten; Gasthof »Zur frischen Quelle«, Stadtteil Hagbronn, mit Biergarten; Gasthof »Noudlsberger Hof«, Stadtteil Ottmansberg, mit Biergarten; Gasthof »Zur Einkehr«, Stadtteil Güsseldorf.

Eingang zur Burg Wernfels

12

Auf den Spuren der Markgrafen

Wanderung von Cadolzburg nach Kriegenbrunn

■ **Ausgangspunkt** Cadolz-
burg
■ **Anfahrt**
Auto Von Nürnberg über
Fürth oder Zirndorf nach
Cadolzburg.
Bahn Bahnverbindung von
Nürnberg Hbf. über Fürth
nach Cadolzburg-Bahnhof.
■ **Streckenlänge**
Wanderung Cadolzburg –
Kriegenbrunn: 23 km –
7–8 Std.
■ **Highlights** Stadtrund-
gang durch Cadolzburg mit
imposanter Burganlage;
Wehrkirchenanlagen von
Seukendorf, Veitsbronn,
Obermichelbach und Krie-
genbrunn
■ **Tourist-Info** Markt
Cadolzburg, Rathaus, Rat-
hausplatz 1, 90556 Cadolz-
burg, Te. 09103/509 36,
www.cadolzburg.de

**Von dem beschaulichen Ort mit seinen sehenswerten Fachwerk-
häusern führt ein abwechslungsreicher Wanderweg zu historisch
interessanten Wehrkirchen in den umliegenden Gemeinden.**

Stadtrundgang durch Cadolzburg

Am besten beginnt man den Stadtrundgang an der höchsten Stelle
des Ortes. Diesen markiert der **Aussichtsturm**, der in Cadolzburg
allerdings nur »Bleistift« genannt wird. Er befindet sich außerhalb
der Altstadt. Als er 1893 im neugotischen Stil errichtet wurde, stand er
einsam auf weiter Flur. Heute ist er umgeben von lauter Einfamilien-
häusern. Der Aussichtsturm war von Anfang an als touristische At-
traktion gedacht, insbesondere für die Fürther, die am Wochenende oder besonders zur Kirschbaumblüte mit der Bahn nach Cadolzburg fuhren. Der Turm ist von Sonnenauf- bis Sonnenuntergang
offen. Bei Betreten wird
um eine Spende gebeten.
Man muss in dem engen
Holztreppenhaus fünf
Stockwerke nach oben
steigen, dann kann man
auf eine offene Galerie
hinaustreten. Von hier
oben hat man eine wun-
derbare Rundsicht über
Cadolzburg und die weite
Umgebung.

Wenn man durch das
Obere Tor die Stadt be-
tritt und auf dem Markt-
platz steht, sieht man
heute kaum noch etwas
von den zahlreichen
Zerstörungen des Ortes,
besonders des Zweiten

*Der »Bleistift«, der Aussichts-
turm von Cadolzburg*

Die Veste Cadolzburg Weltkrieges. Schöne renovierte Fachwerkhäuser stehen hier, kleine Restaurants und Kneipen sind darin untergebracht. Im Sommer stehen Tische und Stühle draußen. Wenn man die Straße entlangschlendert, kommt man ganz automatisch zur **Burg**. Zunächst erreicht man den großzügig gestalteten Vorhof mit einem ehemaligen Schulhaus, dem heutigen Pfarrhaus und Privatwohnungen (meistens 17. und 18. Jahrhundert; nur der Torturm mit seinen gotischen Formen dürfte aus dem 14. Jahrhundert stammen). Dann kommt man über eine Brücke zur Burg. Leider ist das Tor meistens verschlossen. Das Innere der Burg selbst ist allerdings auch noch nicht renoviert und eingerichtet. Die Burganlage selbst dürfte bereits seit dem 11. Jahrhundert bestehen.

Eine gepflasterte Straße führt links von der Burg zum **Heimatmuseum** im ehemaligen Rathaus (1668). Der Heimatverein hat hier ein Museum eingerichtet (Öffnungszeiten: Dezember–Februar und August

110

nach Vereinbarung, sonst 1. und 3. Sonntag im Monat 10–12 und 13–17 Uhr).

Während der Regierungszeit des Markgrafen Carl Wilhelm Friedrich entstand in eineinhalbjähriger Bauzeit 1750–51 in Cadolzburg auf den Grundmauern der mittelalterlichen Vorgängerkirche eine neue **Pfarrkirche** in den Formen des französischen Klassizismus. Damit sollte ein Zeichen für den Wiederaufbau des Ortes nach den Schrecken des 30-jährigen Krieges gesetzt werden. Bemerkenswert an dem klassizistischen Kirchenbau sind gewisse fränkische Besonderheiten. So kann man eine auffallende Zurückhaltung im Gebrauch von Mauerblenden und Fensterbändern, die ansonsten üblich waren, feststellen. Ebenso schlicht gehalten ist der Innenraum. Eine doppelte, auf drei Seiten umlaufende Empore bietet viel Platz.

Im Tal kommt man zu den **Gemeindeweihern**, von denen man bereits einen schönen Blick auf die Burg hat. Es schließt sich der

Einkehr-Tipp
Restaurant Bauhof,
Cadolzburg, Bauhof 1,
Tel. 09103/7134 44,
www.restaurant-bauhof.de.

Die Nebengebäude der Burganlage

Die Burganlage von der Vorburg aus gesehen

Bauhof, also das ehemalige Landwirtschaftshaus der Burgherren, an. Er ist so alt wie die Burg selbst und war einst einbezogen in das Vorwerk der Burg. Vom Ertrag des Bauernhofes und seiner Brauerei mussten sich ursprünglich die Besitzer der Burg ernähren. Zum einen mussten die Bürger Dienstleistungen für den Bauernhof der Burggrafen erbringen, zum anderen aber auch hier ihren Zehnt abliefern. Somit diente der Bau als Zehnthof. Heute ist in seinen Mauern ein Restaurant untergebracht.

Wanderung von Cadolzburg nach Kriegenbrunn

Ein Fernwanderweg mit dem Titel »Auf den Spuren der Markgrafen« führt von Ansbach über Erlangen nach Bayreuth. Der Weg ist den Markgrafen von Kulmbach (später Bayreuth) gewidmet, die über 400 Jahre die Region entscheidend geprägt haben. Der Wanderweg orientiert sich weitgehend an den historischen Handelsstraßen nach alten Karten. Wir wählen die Etappe von Cadolzburg nach Kriegenbrunn.

Einkehr-Tipp

Gwäxhaus, Café, Bistro, Cadolzburg, Erzleitenmühle 3, Tel. 0911/756 83 40, www.gwaexhaus.de. Selbst im tiefsten Winter sitzen die Gäste in diesem Restaurant mitten im Grünen unter Philodendron, Zimmerlinde, Monstera und Co.

112

Vom **Bauhof** folgen wir dem Asphaltweg nach **Greimersdorf**, nehmen dort die erste Seitenstraße rechts und gehen nach dem Ort auf Feldwegen bis zur Verbindungsstraße Cadolzburg–Seukendorf. Wir müssen nun ein kleines Stück der Straße folgen. Linker Hand befindet sich die **Schwadermühle**. Nach der Brücke gehen wir nach rechts auf einen Feldweg. Er wird bald zur Asphaltstraße und führt durch ein Industriegebiet. Doch nach 200 m kommen wir zu einem Wegweiser nach Egersdorf/Wachendorf.

Wir nehmen den Weg über die Holzbrücke Richtung Egersdorf und folgen nun dem Bach im Wiesengrund. Am Ortsrand von **Egersdorf** vorbei geht es durch das Tal nach **Hiltmannsdorf**. Wir durchqueren den Ort und folgen der Alten Dorfstraße und dem Kirchweg. Nun führt der Weg ins Tal zum Farrnbach, den wir über eine Steinbrücke überqueren. Mit den Markierungen »grünes Kreuz« und »grüner Punkt« gehen wir am Bach entlang, durch den Wald und folgen der Hiltmannsdorfer Straße bis zur Ortsmitte von **Burgfarrnbach**. Dort sollte man nicht auf die

Auf dem Marktplatz befinden sich die schönsten Fachwerkhäuser.

Der Wanderweg führt durch den Wiesengrund.

Bundesstraße einbiegen, sondern rechts und wieder links bis zum Gemeindezentrum St. Martin gehen. Durch eine kleine Fußgängerzone erreicht man das Schloss. Zwar lässt sich seit dem 14. Jahrhundert ein Adelsgeschlecht in der Gegend nachweisen und auch im 17. Jahrhundert existierte bereits ein Wasserschloss, die heute existierende klassizistische Schlossanlage wurde aber erst 1834 von den Grafen Pückler-Limpurg erbaut. Das **Schloss Burgfarrnbach** hat eine eindrucksvolle Länge von 70 m und weist über 70 Räume auf. Das älteste Gebäude ist der barocke Marstall nebenan. Im Untergeschoss wurden einstmals die Pferde untergebracht, die Wohnräume darüber dienten als Witwensitz und als Unterkunft für Gäste und gräfliche Beamte. Auf dieses bedeutende Baudenkmal sind die Burgfarrnbacher verständlicherweise sehr stolz und nutzen das Gebäude auch intensiv. Im Schloss befinden sich Archiv, historische Bibliothek und Sammlungen der Stadt Fürth. Im weitläufigen Schlosspark finden regelmäßig Sommernachtsspiele statt.

Das Schloss Burgfarrnbach ist eine klassizistische Schlossanlage.

Vom Schloss gehen wir hinauf zur Hauptstraße und folgen an der Kreuzung der Straße nach Veitsbronn. Wir biegen in die erste Seitenstraße rechts zur Bahnlinie ein, die wir unterqueren. Rechter Hand liegt der Friedhof. Wir stoßen auf die Veitsbronner Straße, der wir nach links folgen, um gleich in den nächsten Feldweg rechts mit dem Zeichen »roter Punkt« einzubiegen. Wir folgen der Markierung bis zum Waldrand. Von hier hat man bei klarem Wetter einen schönen Blick auf Nürnberg mit Burg und Fernmeldeturm sowie die Alte Veste bei Fürth und links lässt sich manchmal die Kirchturmspitze von Veitsbronn erkennen. Am Waldrand geht es kurz links und dann rechts weiter auf breitem Waldweg. Wir überqueren auf einer Brücke die Zenn und gehen links nach **Veitsbronn**.

Das Wahrzeichen von Veitsbronn ist das auf dem Berg über dem Ort von weitem sichtbare evangelische Gotteshaus. Diese Kirche ist auch ein Wallfahrtsort. Am Fuße des Kirchbergs befindet sich die Veitsquelle. Aus ihm schöpfte einst ein Wunderarzt das Heilwasser gegen Augenleiden und zur Heilung von Viehkrankheiten. 107 Stufen führen hinauf zur gotischen Kirche. Eine fast vollständig vorhandene

Schon von weitem sieht man die Veitskirche von Veitsbronn.

Wehrmauer mit offenem Umgang, Schießscharten und kleine Fenster in dem festungsartigen Gebäude sind Kennzeichen der Wehrkirche, die in kriegerischen Zeiten Schutz für Menschen und Vieh bot. Die Kirche ist ein wahres Schatzkästlein gotischer Kunst. Vier mittelalterliche Altäre aus Nürnberger Werkstätten (um 1500) sind von der Taufkapelle aus im Kirchenschiff zu sehen: Neben dem Marienaltar sind das ein Vierzehn-Nothelfer-Altar (mit den 14 Heiligen), die Darstellung des Martyriums der heiligen Katharina und eine Figur des heiligen Veit, des Namenspatrons der Gemeinde. In der Barockzeit wurden diese Kunstwerke nicht wie in vielen anderen fränkischen Kirchen entfernt, sondern nur um eine Kanzel und einen Hauptaltar mit Christus in der Mitte ergänzt.

Rechts neben der Kirche führt ein Feldweg nach **Obermichelbach**. Auch in Obermichelbach ist eine Wehrkirche sehenswert. Die ältesten Gebäudeteile der heutigen Kirche stammen wohl von einer um 1350 genannten Filialkirche der Pfarrei Herzogenaurach. Man geht jedoch davon aus, dass die Kirche schon wesentlich älter ist. Die aus kleinen Quadern bestehenden Mauern dieser Filialkirche haben sich als Innenmauern des Langhauses der heutigen Kirche erhalten, die damit die gleiche Größe hat wie das damalige Gebäude. Ob damals bereits ein Turm vorhanden war, ist nicht bekannt. Sicher ist jedoch, dass an die Filialkirche in der ersten Hälfte des 15. Jahrhunderts ein Turm angebaut wurde. Dieser Turm war Kirch- und Wehrturm zugleich und diente zur Verteidigung und zum Schutz der Landbevölkerung. Damals umschlossen die Wehrmauern einen sehr engen Raum um die Kirche. Sie waren viel höher als die heute noch vorhandenen Reste auf der Straßenseite und im Westteil des Friedhofes. Noch im 15. Jahrhundert, spätestens am Anfang des 16. Jahrhunderts wurde auf der Nordseite des Turmes eine Sakristei angebaut. Diese Kirche wurde im 30-jährigen Krieg durch einen Brand zerstört. Beim Wiederaufbau (1660) und auch in der Folgezeit kam es zu Veränderungen und Umbauten, dennoch konnte der wehrhafte Charakter der Anlage erhalten bleiben. Nach einer gründlichen Renovierung erstrahlt die Kirche wieder in neuem Glanz.

Bis nach **Untermichelbach** ist es nicht weit, die Orte sind fast zusammengewachsen. In Untermichelbach gehen wir links auf einem Feldweg an einem Industriegelände entlang. Von nun an heißt es aufpassen, es gibt keine Markierung mehr. Der Weg überquert die Straße von Niederndorf nach Vach, führt ein Stück am Waldrand entlang und durchquert das Wäldchen nach rechts. Dann liegt auch schon **Kriegenbrunn** vor uns.

Mitten im Ort steht die gedrungene kleine Dorfkirche, die noch von den Resten einer Wehrmauer umgeben ist. Die Besiedelung der Region begann bereits in der Hallstattzeit. Die erste Nennung erfolgte im Jahre 1132 im Zusammenhang mit der Klostergründung von Heilsbronn. Wichtigstes Bauwerk des Ortes ist die ehemalige Wehrkirche, die Johannes dem Täufer geweiht ist. Der massive Turm mit dem gedrungenen Pyramidendach stammt aus dem 13./14. Jahrhundert. Das etwa gleich breite Langhaus wurde in der ersten Hälfte des 15. Jahrhunderts angebaut. Im Inneren ist der spätgotische Schnitzaltar zu erwähnen. Auffallend sind auch die Wandmalereien, die den Teufel in Menschengestalt (aber auch mit den Teufelsattributen Schwanz, Schweinsohren, Hörner) darstellen. Solche Abbildungen sind in sakralen Räumen selten zu finden.

Obermichelbach begeistert mit einer alten Wehrkirche.

13

Von Herzogenaurach in den Wiesengrund

Wanderung und Radtour um Herzogenaurach

■ **Ausgangspunkt** Herzogenaurach
■ **Anfahrt**
Auto A 3 Erlangen–Würzburg, Ausfahrt Erlangen-Frauenaurach.
Bahn Bis Erlangen Hbf., dann Busverbindung nach Herzogenaurach.
■ **Streckenlänge**
Wanderung Herzogenaurach – Burgstall – Hauptendorf – Herzogenaurach: 10 km – 3 Std.
Radweg Herzogenaurach – Obermichelbach – Tuchenbach – Herzogenaurach: 11 km – 1:30 Std.
■ **Highlights** Stadtrundgang Herzogenaurach; Wiesengrund
■ **Tourist-Info** Stadt Herzogenaurach, Marktplatz 11, 91074 Herzogenaurach, Tel. 09132/901-0, www.herzogenauarch.de

Die Stadt Herzogenaurach liegt im Herzen Mittelfrankens. Die prächtige Kulisse der Altstadt mit den beiden Wehrtürmen, dem barocken Schloss und der mächtigen Pfarrkirche St. Magdalena lohnt einen Besuch. Eine abwechslungsreiche Wanderung und ein Radweg führen von hier nach Hauptendorf bzw. Obermichelbach.

Stadtrundgang durch Herzogenaurach

Man betritt die Altstadt am besten dort, wo einst das Nürnberger Tor stand: am Beginn der Hauptstraße. Nur einige Reste der einstigen Stadtmauer sind heute noch erhalten geblieben. Von hier erreicht man geradewegs den Fehnturm. Er und der Türmersturm am anderen Ende waren einst der Zugang in die innere Stadt. Beide Türme sind noch gut erhalten und markieren heute noch als Wahrzeichen die Altstadt.

Im 13. Jahrhundert wurde der **Fehnturm** erbaut, benannt nach der Familie Fehn, die eine Gastwirtschaft neben dem Turm betrieb. Man nannte ihn aber auch Fähnleinsturm wegen der Wetterfahne.

Blick auf die barocke Schlossanlage.

118

Er ist errichtet aus Sandsteinquadern, den Turm zieren vier Scharwachttürmchen. Im Fehnturm war einmal das Stadtgefängnis untergebracht, dann wurde er auch zum Tresor für die städtischen Gelder und schließlich zog das Herzogenauracher Stadtmuseum ein. Der **Türmersturm** beim ehemaligen Oberen Tor war eigentlich ein Abbild des Fehnturms. Erst seit 1724 unterscheidet er sich durch die Welsche Haube, wobei das eher eine aus Italien übernommene Modeerscheinung war. Im Mittelalter erreichte man die Stadt nur über Zugbrücken, die Türme konnte man lediglich vom Wehrgang begehen.

Die Hauptstraße ist seit der Stadtgründung im 13. Jahrhundert die Hauptachse der Stadt und durchzieht sie von Ost nach West. Sie wird auch heute noch gesäumt von den typischen Ackerbürgerhöfen mit ihren Aufzugserkern und den breiten Tordurchfahrten. Im Mittelalter

Fachwerkhäuser auf dem Marktplatz

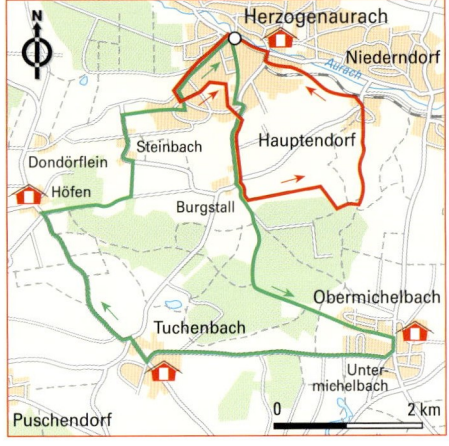

Zwei mächtige Tortürme überragen die Altstadt.

war es üblich, dass die Wohngebäude mit der Giebelseite zur Straße hin errichtet wurden und man über eine große Toreinfahrt zu den dahinter liegenden Wirtschaftsgebäuden kam. Natürlich wird die Hauptstraße dominiert von den beiden Torturmbauten. Daneben ist aber das wichtigste frei stehende Gebäude das **Alte Rathaus**. Nachgewiesen ist bereits ein erster Umbau im Jahr 1781. Damals wurden Speicher angebaut. Dies entsprach durchaus der Funktion des Gebäudes, denn hier tagte nicht nur der Rat, sondern in einer Art Markthalle wurde Handel getrieben und in den oberen Stockwerken wurden die Naturalabgaben für die Stadt aufbewahrt. Und bei Feierlichkeiten wurde auf der Tenne auch getanzt. Im Jahre 2005 wurde das alte Rathaus generalsaniert. Das historische Gebäude wird nun als Restaurant genutzt.

Das Rathaus verbindet die Hauptstraße mit dem Marktplatz, denn gleich hinter dem Rathaus breitet sich der Marktplatz aus. Den historischen Abschluss nach Norden zum Steinweg bildete das Mittlere Tor, ein Teil der ältesten Stadtbefestigung. Auf dem **Marktplatz** steht der Georgsbrunnen, der an die frühere Schlosskapelle erinnern soll. Sie war dem heiligen St. Georg geweiht. Das leitet über zum Schloss, dem größten Gebäude am Marktplatz. Bereits im 13. Jahrhundert gab es hier ein »Castrum«, eine befestigte Anlage mit Burgfried und Wassergraben (1348 erwähnt). Nach Zerstörungen im 30-jährigen

Heiligenfiguren schmücken die Fachwerkfassaden.

Krieg ließ der Bamberger Bischof Lothar Franz von Schönborn zwischen 1719 und 1721 eine barocke **Schlossanlage** mit gleich hohem Süd- und Ostflügel erbauen. Im Wesentlichen ist uns dieser Bau so bis heute überliefert. Über dem Eingang befindet sich das Wappen von Lothar Franz von Schönborn. Im Jahre 1802 wird das

Der Kiliansbrunnen ist bereits im Mittelalter nachweisbar.

Schloss von Bayern vereinnahmt. Die Räume werden vom Amtsgericht und Rentamt belegt und schließlich zog auch noch die Stadtverwaltung in den neu errichteten Nord- und Westflügel ein. Im Sandsteinkeller mit dem schönen Tonnengewölbe (darüber befand sich einst die St.-Georgs-Kapelle) befindet sich heute ein gemütlicher Weinkeller mit Schlosscafé und Terrasse.

Vor dem inneren Stadttor befindet sich der **Kiliansbrunnen.** Zwar ist er modern gestaltet, aber seit dem Mittelalter bereits bestätigt. Man erzählt sich, dass an dieser Quelle der Frankenapostel Kilian bereits im Jahr 686 gepredigt und die Taufe gespendet haben soll. Interessanterweise befindet sich die **Stadtpfarrkirche St. Maria Magdalena** außerhalb der innersten Stadtbefestigung. Das mag daran liegen, dass man für den Bau eine Anhöhe wählte, die hochwassersicher war. Aufgrund von Grabungen lässt sich ein romanischer Vorgängerbau nachweisen. Die mächtige gotische Pfarrkirche mit ihrem bedeutenden Tonnengewölbe wurde bis zum Jahr 1400 vollendet und unterstreicht beeindruckend die wirtschaftliche und politische Rolle Herzogenaurachs im Spätmittelalter. Es ist auch noch zu betonen, dass das Langhaus mit dem hölzernen Tonnengewölbe das mächtigste seiner Art in Franken ist. Zu diesem Komplex gehört auch das **Pfründnerspital**. Es wurde 1508 von Cunz Reyther, einem Niederndorfer Färber gestiftet, der damit in Herzogenaurach für den Aufbau eines sozialen Netzes sorgte. In dem stattlichen Fachwerkgebäude wurden in der Tat bis ins 20. Jahrhundert benachteiligte Bürger der Stadt versorgt. Das Baudenkmal wurde in den 1990er Jahren originalgetreu restauriert und beherbergt heute das **Herzogenauracher Stadtmuseum**. Die Stadtgeschichte wird hier eindrücklich präsentiert. Weiterhin wird, gemäß der Geschichte des Gebäudes, über die Entwicklung des städtischen Sozialwesens berichtet. Schön auch der Blick in eine Schuhmacherwerkstatt und in eine Schuhfabrik aus der Zeit um 1900 (geöffnet Mittwoch, Donnerstag, Samstag, Sonntag und Feiertage 14–17 Uhr, Donnerstag auch 10–13 Uhr).

Fast etwas vernachlässigt wird die **Marienkapelle,** die sich gegenüber dem Chor der Pfarrkirche befindet. Es ist ein kleiner Rechteckbau mit Satteldach und Giebeltürmchen. Das bereits um 1200 errichtete Untergeschoss diente zur Verwahrung von Gebeinen (Beinhaus). Schließlich lohnt sich noch ein Bummel durch die Altstadtgässchen mit zahlreichen schönen Fachwerkhäusern.

In den kleinen Gassen von Herzogenaurach

Schöne Wanderwege durchziehen die Region.

Wanderung von Herzogenaurach nach Hauptendorf

Es gibt mannigfache Wanderwege rund um Herzogenaurach. Wir wählen den Rundwanderweg »grün 4«. Der Weg führt über Burgstall nach Hauptendorf.

Einkehr-Tipps

Nägels Altes Rathaus, Marktplatz 1, Tel. 09132/75 07 50, www.naegelhof.de; Ratskeller Herzogenaurach, Marktplatz 11, Tel. 09132/750 47 60, www.ratskeller-herzogenaurach.de; Gasthaus Zum Roten Ochsen, Marktplatz 4, Tel. 09132/74 56 24, www.gasthof-roter-ochse.de; Landgasthof Bär, Burgstall 29, Tel. 09132/74 72 60, www.landgasthof-baer.de.

Von Herzogenaurach nach Burgstall Vom Stadtzentrum müssen wir Fluss und Wiesengrund überqueren und auf der anderen Seite über die Ansbacher Straße bis zum Festplatz gehen und dann dort links in die Straße »Am Weihersbach« einbiegen. Wir sehen vor uns die Grund- und Hauptschule mit ihrem gelben Turm und rechter Hand das Gymnasium. Zwischen beiden Schulen hindurch führt unsere Wanderung zum Burgstaller Weg, dort gesellen sich der Main-Donau-Weg (von Eltmann bis Neuburg an der Donau) und der Rot-Punkt-Weg (von Weisendorf nach Schwabach) zu uns. Wir wenden uns zur Veitsbronner Straße, die nach Burgstall führt.

Wir überqueren den Wiesengrund des Schleifmühlbaches und steigen den Berg nach Burgstall hinauf, von wo wir bei schönem Wetter die Höhenzüge der Fränkischen Schweiz erkennen können. Am Ortseingang befindet sich eine Weggabelung. Links führt eine Straße

nach Hauptendorf, rechts in den Ort **Burgstall** hinein. Der Orts-
name des Straßendorfes und der angrenzende Burgwald weisen auf
einen befestigten Adelssitz hin. Behauene Steinquader, die noch
heute in dem Anwesen des »Schlossbauern« zu finden sind, wurden
als Reste der mittelalterlichen Burganlage gedeutet.

Von Burgstall nach Hauptendorf Wir gehen in Burgstall auf der
Straße nach Obermichelbach bis zu den letzten Häusern und biegen
dann links in einen Feldweg ein. Rechter Hand begleitet uns der
Burgwald. Nach ungefähr 1,5 km wenden wir uns nach links, vorbei
an den Ausläufern eines kleinen Wäldchens. Hier sieht man bereits
die ersten Häuser von **Hauptendorf**. Wir durchqueren den Ort, bis
wir ins Tal der Aurach kommen. Dort führen Wander- und Radweg
wieder nach Herzogenaurach zurück. Es ist ein abwechslungsreiches
Vergnügen, durch das Aurachtal zu wandern.

Radweg nach Obermichelbach

Herzogenaurach und die gesamte Region ist sehr fahrradfreundlich.
Daher gibt es auch eine Vielzahl von Radwegen. Von der Stadtmitte
kann man analog zum Wanderweg nach Burgstall radeln und von
dort nach **Obermichelbach**. Der Weg führt durch den schönen
Burgwald, der kurz vor der Ortschaft endet. In Obermichelbach
wendet man sich nach rechts. Parallel zur Straße verläuft auch ein
Fahrradweg auf flachem Gelände nach **Tuchenbach**. Wir biegen
dann nach Höfen ab. Von dort führt ein Radweg über **Steinbach** wieder zurück nach **Herzogenaurach**.

*Kleine Weiher
entlang des Weges*

14 Von Bad Windsheim nach Uehlfeld

Mit Auto oder Rad entlang der Aischgründer Bierstraße

Acht Brauereien schlossen sich im landschaftlich sehr schönen Aischgrund zusammen, um echte fränkische Brautradition erlebbar zu machen. Die Tour kann entweder mit dem Auto oder mit dem Fahrrad auf dem Aischtalradweg unternommen werden. Unterwegs bietet sich eine Wanderung zur Burg Hoheneck an.

Fahrt von Brauerei zu Brauerei

In Bad Windsheim können wir die Tour bereits mit dem Besuch der ersten beiden Brauereien beginnen und so die alte Brautradition kennen lernen. Im Jahre 1923 schlossen sich vier Windsheimer Brauerfamilien zur Spezialitätenbrauerei Bad Windsheimer Bürgerbräu zusammen.

Eine besondere Spezialität ist das feine obergärige Hefeweizenbier, die »Windsheimer Weisse«. Das Brauhaus Döbler befindet sich im Herzen der historischen Altstadt von Bad Windsheim. In den Sudkesseln wird u. a. das Döbler Doppelbock hergestellt. Entlang der Aisch kommen wir nach Ipsheim, einem Weinort, was vielleicht nicht ganz typisch für diese Tour ist.

Das Rathaus von Bad Windsheim dominiert den Marktplatz.

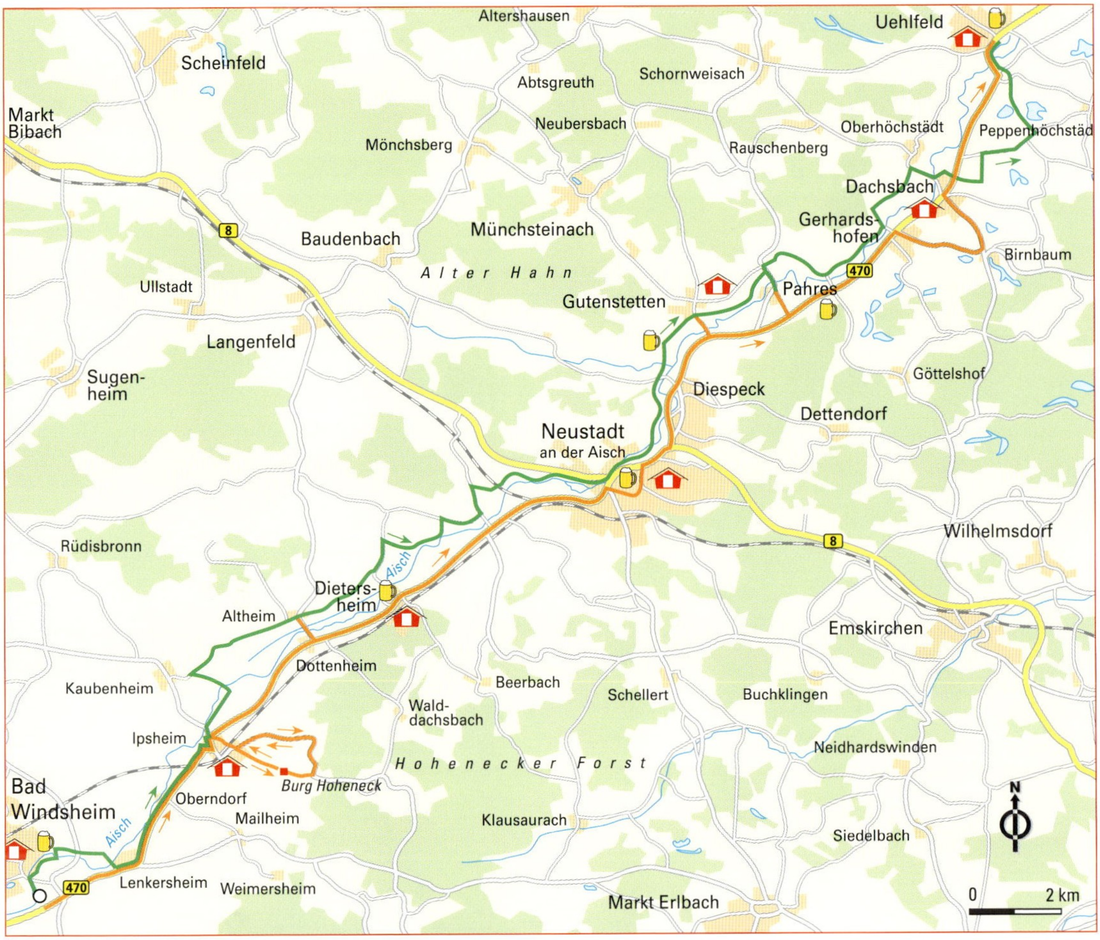

*Fachwerkhäuser
in der Innenstadt*

127

Wanderung zur Burg Hoheneck Von Ipsheim führt ein Weg hinauf zur Burg Hoheneck. 1132 wird Hoheneck in einer Stiftungsurkunde das erste Mal erwähnt, Besitzer waren die Geschlechter Hohenlohe und Hohenzollern. 1810 kam sie an Bayern. Fast wäre das das Ende für die Burg gewesen, denn 1866 sollte sie zum Abbruch verkauft

*Bürgerhäuser
in Bad Windsheim*

Tipp

Seit Jahrzehnten gibt es in der Region jeden Herbst die Aischgründer Karpfenschmeckerwochen. Eine große Vielfalt von Karpfengerichten, wie Karpfen im Biersud, kann man dann in den Gaststätten genießen. Besonders beliebt sind die »Karpfenbuffets«, wo der Gast die Vielfalt der Zubereitungsarten in kleinen Happen probieren kann. Karpfenspezialitäten gibt es u. a. in Dietersheim im Landgasthof Fiedler (Oberroßbach 3, Tel. 09161/24 25), in Uehlfeld im Brauereigasthof Prechtel (Hauptstraße 24, Tel. 09163/228) und im Landgasthof »Zur Hammerschmiede« in Gerhards-hofen-Birnbaum (www.landgasthof-hammerschmiede.de).

*Im Jahr 1400 war
die Grundsteinlegung für die
Seekapelle in Bad Windsheim.*

Burg Hoheneck ist heute eine Jugendbildungsstätte inmitten wunderbarer Waldlandschaft.

werden. Die Stadt Windsheim erhob erfolgreich Einspruch. 1953 übernahm die Stadt Nürnberg die Burg, seit 1981 gehört sie dem Kreisjugendring von Nürnberg und dient als Jugendbildungsstätte.

Von Ipsheim nach Neustadt a. d. Aisch Von Ipsheim führt der Radweg auf der einen, die Autoroute auf der anderen Seite der Aisch nach Neustadt a. d. Aisch. Zunächst erreicht man über beide Routen **Dietersheim**, wo Karpfenliebhaber einen Zwischenstopp einlegen sollten. Dann erreicht man Neustadt an der Aisch, das Zentrum der Aischgründer Bierstraße. In der Stadt befindet sich die kleinste Brauerei auf dieser Tour.

Rundgang durch Neustadt a. d. Aisch Die Stadt wurde wohl 741/42 an einem frequentierten Flussübergang der alten Handels- und Heerstraße von Frankfurt am Main nach Nürnberg gegründet. Den Rundgang beginnt man am besten beim **Alten Schloss**, dem hoch aus dem breiten Wiesengrund aufragenden alten Wasserschloss der ehemaligen zollerischen Residenz. Der achteckige Bau stammt aus dem 15. Jahrhundert. Der Treppenturm und die angefügten Amtsgebäude sind allerdings erst im 17. Jahrhundert hinzugekommen. Im Alten Schloss befindet sich das **Aischgründer Karpfenmuseum**. In drei Räumen ist eine Hommage an das weltberühmte Symboltier des Aischgrunds, den »hochrückigen, tellerförmigen Spiegelkarpfen«, zu sehen: Die Geschichte der Teichwirtschaft im Aischgrund sowie ihre Einbindung in Natur und Umwelt werden dargestellt. Seit Jahrhunderten gilt der »Aischgründer Spiegelkarpfen« als ein besonderer Leckerbissen in

Franken und weit darüber hinaus. Bis nach Brasilien und Java wurde schon vor 100 Jahren die Karpfenbrut exportiert.

Gegenüber dem Alten Schloss befindet sich noch ein vorgelagerter runder Geschützturm, der **Maschikelesturm,** und daneben das ehemalige **Neue Schloss**. Es brannte 1906 weitgehend ab, nur der achteckige Turm mit großem Sandsteinwappen (18. Jh.) blieb erhalten. Das Haupthaus wurde 1915 im Jugendstil wieder aufgebaut.

Geradeaus kommt man zum Kirchplatz, dem ehemaligen Friedhof der Stadt. Hier befinden sich die Pfarrhäuser und die dreischiffige **Pfarrkirche St. Johannes der Täufer** (14. Jh.). Interessant sind im Inneren die Emporen, die 1594 nachträglich in die Seitenschiffe eingebaut wurden, wozu diese wiederum erhöht werden mussten. Das kaschierte man durch entsprechende Fachwerkaufbauten an den beiden Längsaußenmauern der Kirche, über die ein einheitliches Dach gezogen wurde. Dadurch verlor die alte Stadtkirche jedoch die einstige Struktur einer Basilika. So musste 1604 der Turm um ein Geschoss erhöht werden, um zumindest das richtige Größenverhältnis wieder herzustellen. In der Nordwestecke des Kirchplatzes steht ein Bau, der sich zusammensetzt aus Kärnterhaus und Kapelle. Unten befand sich das ehemalige Beinhaus, darüber die Michaelskapelle, in der früher die Totenmessen gelesen wurden. Von der Kapelle kann man außer alten gotischen Fensterbögen nicht mehr viel feststellen.

Durch die Schlossgasse kommt man zur Würzburger Straße. Auf dem Peter-Kolb-Platz befand sich bis 1945 die spätgotische **Spitalkirche**, dahinter das Spitalgebäude aus dem 15. Jahrhundert, in das die Stadtmauer integriert wurde.

In Neustadt an der Aisch kann man am Marktplatz eine kleine Rast einlegen.

Rechts befindet sich die ehemalige Hochfürstliche Stadtschule, ein barocker Sandsteinbau mit schönen Türportalen und Wappen.

Über die Würzburger Straße stadteinwärts kommt man vorbei an einem besonders schönen Fachwerkbau (Nr. 21) von 1554. Man befindet sich nun auf dem begrünten Marktplatz und in der Fußgängerzone. Das **Rathaus,** ein stattlicher Barockbau (1711–15), ist aus einem mittelalterlichen Kaufhaus hervorgegangen, der nach einem Brand 1947 modernisiert wurde. Hier befindet

Die Befestigungsanlagen von Neustadt mit Stadtmauer, Türmen und Herrschaftsgebäude

sich auch das Uhrtürmchen, mit einem jeweils pünktlich um 12 Uhr erscheinenden meckernder Geißbock – übrigens das Wahrzeichen der Stadt.

Östlich des Rathauses geht man in die Bamberger Straße, wo ein Fachwerkbau aus dem 18. Jahrhundert (Nr. 7), das ehemalige fürstliche Gästehaus (Nr. 15) und ein dreigeschossiger Quaderbau (1840–42), ehem. Fronfeste und Gefängnis, heute Amtsgericht (Nr. 28), besonders auffallen. Ebenfalls vom Rathaus kommt man in die Hintere Kellereigasse. Vorbei an sehenswerten Giebel- und Traufhäusern erreicht man die Überreste der ehem. burggräflichen Burg (um 1300). Durch einen schmalen Feuergang, genannt »Gängla«, erreicht man die Freiung. Hier »sitzen« einige Häuser auf der Stadtmauer »auf«. Die Bürger wussten sich mit der Enge innerhalb der Maueranlage zu arrangieren. Sie bezogen die Mauer einfach in ihre Bauten ein. Außerdem befindet sich hier der Eingang zum Kellersystem, von dem große Teile der Stadt durchzogen sind.

Das Nürnberger Tor bildet schließlich den markanten Abschluss der eindrucksvoll vom Marktplatz her ansteigenden Nürnberger Straße. Lediglich dieser Turmbau ist von ehemals vieren erhalten geblieben.

Entlang der Mauer kommt man zum **Säuturm**, einem Schalenturm mit vorspringendem Pyramidendach. Die **Stadtmauer** wurde hier aufwändig renoviert und der Wehrgang ist ein Stück begehbar. Geht man den Unteren Stadtmauerweg entlang, so kommt man zum **Hirtenturm**, einem Fachwerkbau mit Konsolen am Wehrgang. Man überquert die Nürnberger Straße und kommt über das Postgässchen am **Schauflersturm** vorbei zur Bleichanlage, eine kleine Parkanlage mit dem Bleichweiher. Rechts befindet sich der Pulverturm, links das Bleichhäuschen.

Vorbei an der ehem. Warmbadeanstalt und dem Hospitalgebäude mit einem hohen Walmdach geht es durch die Jean-Paul-Allee zurück zum Ausgangspunkt am Alten Schloss.

Über Gutenstetten nach Uehlfeld Nachdem wir Neustadt an der Aisch einen Besuch abgestattet haben, fahren wir auf der Aischgründer Bierstraße weiter und kommen zunächst nach Gutenstetten. Hier ist die Brauerei Windsheimer zu Hause. Die familiengeführte Privatbrauerei besteht seit 1767. Die süffigen Aischgründer Biere, wie das Aischgründer Dunkel, werden natürlich im Brauereigasthof ausgeschenkt.

Auch der nächste Ort, **Pahres**, hat seine Brauerei. Es ist die Privatbrauerei Hofmann, direkt an der Aisch gelegen, deren Geschichte nachweislich bis zum Jahre 1663 zurückgeht. Familienrezepte garantieren die hohe Qualität der Bier-Spezialitäten. Jedes erste Augustwochenende im Jahr wird die Pahreser Kirchweih gefeiert, mit extra gebrautem Kirchweihbier.

Und dann kommt auch schon **Uehlfeld** in Sicht, das Ende der Bierstraße. Die Brauerei Prechtel befindet sich in der Ortsmitte von Uehlfeld direkt an der B 470. Seit über 100 Jahren ist die Familie Prechtel Eigentümer der Brauerei. Die Bierherstellung erfolgt noch ganz im Sinne alter Handwerkskunst. So werden im Sudhaus die Rührwerke noch mittels Transmission angetrieben, die Würzekühlung erfolgt auf einem Kühlschiff und die Gärung noch in offenen Gärbottichen. Eine Besonderheit ist das Hausbrauen. Jeder »Hausbrauer« kann nach Anmeldung und zu bestimmten Terminen seine eigenen Fässer in der Brauerei mit einem unfiltrierten Spezialbier füllen lassen.

Auch die älteste Familienbrauerei der Region befindet sich in Uehlfeld. Es ist die Brauerei Zwanzger. Bereits seit 1639 wird in der mittlerweile 12. Generation hier Bier gebraut.

Tipp

Der Neustädter Bauernmarkt findet jeden Samstag 8–12 Uhr auf dem Marktplatz statt.

Brauereien

Brauerei Döbler, Bad Windsheim, Tel. 09841/20 02, www.brauhaus-doebler.de; Bürgerbräu, Bad Windsheim, Tel. 09841/66 62-0; Brauerei Kohlenmühle, Neustadt/Aisch, Tel. 09161/662 27-0, www.kohlenmuehle.de; Privatbrauerei Hofmann, Pahres, Tel. 09163/99 87-0, www.hofmann-bier.de; Brauerei Windsheimer, Gutenstetten, Tel. 09161/22 93; Brauerei Zwanzger, Uehlfeld, Tel. 09163/95 97 56, www.brauereigasthof-zwanzger.de.

15 Osterbrunnenfahrt durch die Fränkische Schweiz

Abwechslungsreiche Rundfahrt ab Forchheim

■ **Ausgangspunkt** Forch-
heim
■ **Anfahrt**
Auto: A 73 Nürnberg–
Bamberg, Ausfahrt Forch-
heim-Süd bzw. -Nord.
Bahn: Bahnverbindung ab
Nürnberg bzw. Schwein-
furt bis Bhf. Forchheim.
■ **Streckenlänge**
■ **Autoroute** Forchheim –
Ebermannstadt – Birken-
reuth – Aufseß – Ober-
trubach – Egloffstein –
Gräfenberg: 124 km –
1 Tag (mit Besichtigungen).
■ **Highlights** Besichtigung
der Osterbrunnen
■ **Tourist-Info** Tourist-
Information, Rathaus,
91301 Forchheim, Tel.
09191/714-338 o. -337,
www.forchheim.de

In der Fränkischen Schweiz gibt es den alten Brauch, in der Osterzeit Quellen und Brunnen zu schmücken. Das macht einen Ausflug in die Frühlingslandschaft besonders attraktiv. Zwischen Forchheim und Gräfenberg findet man die schönsten Osterbrunnen.

Die Osterbrunnenfahrt

Eine Osterbrunnentour macht man natürlich zur Osterzeit. Während der Feiertage sind allerdings viele Menschen mit den gleichen Zielen unterwegs. Für eine angenehme Fahrt ist es besser, man nützt die Woche vor oder nach Ostern. Auch dann sind die Osterbrunnen noch geschmückt und man kann sie in Ruhe bewundern. Ein durchschnittlicher Osterbrunnen wie der in Gräfenberg umfasst etwa 80 m Fichtenzweiggirlanden und an die 2000 bemalte Eierschalen. Mindestens zwei Tage dauert das Schmücken eines Brunnens mit allen Vorarbeiten.

*Osterbrunnen
in Ebermannstadt*

Von Forchheim nach Ebermannstadt Am besten beginnt man in Forchheim. Der Osterbrunnen steht in der Innenstadt auf dem Marktplatz. Der »Kriegerbrunnen« ist ein touristischer Anziehungspunkt und zu Ostern ist er besonders schön. Ein Dutzend Frauen des katholischen Frauenbundes verzieren mit über 6000 Eiern den Brunnen und die Brunneneinfassung. Damit drücken sie ihre Dankbarkeit für das Leben spendende Brunnenwasser aus. Die restaurierten und herausgeputzten Fachwerkhäuser am Platz geben zudem eine stilvolle Kulisse ab. Von Forchheim starten und enden Tagesausflüge zu den schönsten Brunnen der Region.

Gerne werden auch kleine Kapellen mit Ostereiern geschmückt.

Von Forchheim fahren wir auf der B 470 ca. 14 km Richtung Norden nach **Ebermannstadt**. Der reich geschmückte Osterbrunnen von Ebermannstadt befindet sich auf dem Marktplatz. Der Brunnen auf dem Marktplatz war jahrhundertelang das Zentrum des Dorflebens. Hier trafen sich die Dörfler, um das Wasser für

Einkehr-Tipps

Brauereigaststätte Eichhorn, Forchheim, Bamberger Str. 9, Tel. 09191/647 68, www.gasthaus-eichhorn.de; Brauereigaststätte Hebendanz, Forchheim, Sattlertorstr. 14, Tel. 09191/607 47, www.brauerei-hebendanz.de; Brauerei und Gasthof Schwanenbräu, Ebermannstadt, Am Marktplatz 2, Tel. 09194/209, www.schwanenbraeu.de; Brauerei und Gasthof Sonnenbräu, Ebermannstadt, Hauptstr. 29, Tel. 09194/90 93; Drei Kronen Bräu, Heiligenstadt, Marktplatz 5, Tel. 09198/522; Brauerei Rothenbach, Aufseß, Im Tal 70, Tel. 09198/929 20, www.brauerei-rothenbach.de; Brauereigasthof Reichold, Aufseß, Hochstahl 24, Tel. 09204/91 92 77, www.reichold.de; Gasthof Walch, Muggendorf-Wiesenttal, Oberer Markt 7, Tel. 09196/205, www.gasthof-walch.de; Landgasthof Alter Wirt, Geschwand 154, Tel. 09197/62 71 65; Gasthof Drei Linden, Obertrubach-Bärenfels, Dorfstr. 38, Tel. 09245/91 88, www-drei-linden.com; Gasthof und Pension Schlehenmühle, Egloffstein, Schlehenmühle 1, Tel. 09197/291; Friedmann' s Braustüberl, Gräfenberg, Bayreuther Straße 14, Tel. 09192/318; Lindenbräu Brauerei-Gasthof Brehmer-Stockum, Gräfenberg, Am Bach 3, Tel. 09192/348, www.lindenbraeu.de.

> **Birkenreuther Brunnenhaus**
>
> Im Jahre 1796 erbauten die Birkenreuther ihren Brunnen, der heute noch erhalten ist und eine Meisterleistung damaliger Zeit darstellt. Der Brunnen hatte eine ursprüngliche Tiefe von 70 m. heute mißt er 43 m bis zum Grund. Der Wasserstand beträgt 10 m. Der Schacht wurde mit der Hand gegraben. Dabei gab es auch einen Todesfall. Der Brunnenturm wurde 1836 errichtet. Bis zum Bau der Wasserleitung im Jahre 1923 diente der Brunnen als Wasserversorgung für Mensch und Tier in dem Juradorf Birkenreuth.

Osterschmuck am Birkenreuther Brunnenhaus

den Haushalt abzuholen. An das mühevolle Wasserschleppen erinnert auch eine Frauenstatue am Brunnen.

Abstecher nach Birkenreuth In Ebermannstadt bleibt man zunächst auf der B 470, biegt dann ab nach rechts in die Ramstertalstraße und dann auf die Birkenreuther Straße nach **Birkenreuth** (6 km). Der

In Heiligenstadt lohnt sich um die Osterzeit ein Besuch.

136

sehenswerte Osterbrunnen von Birkenreuth befindet sich direkt im Ort. Die Birkenreuther besitzen einen mühsam gegrabenen, tiefen Grundwasserstollen. Ihn haben sie mit einem Holzverschlag sorgsam geschützt. In der Osterzeit ist nicht nur der Brunnen selbst liebevoll geschmückt, sondern auch das Brunnenhaus ist mit Eiern und Schleifen dekoriert.

Von Ebermannstadt nach Heiligenstadt und Aufseß Wir fahren zurück nach Ebermannstadt auf die B 470; nach 1,5 km biegen wir links in die L 2187 ein – durch Gasseldorf und

Osterbrunnen in Heiligenstadt

Unterleinleiter geht es nach **Heiligenstadt** (15 km). In Heiligenstadt befindet sich der Osterbrunnen ebenfalls auf dem Marktplatz. Hier kann man noch sehr gut nachempfinden, wie sehr der Brunnen zum gesellschaftlichen Mittelpunkt des Dorflebens gehörte. So wurde der achteckige Brunnen nicht nur mit zahlreichen Girlanden und Ostereiern verschönert, sondern es findet an den Osterfeiertagen ein ökumenischer Gottesdienst am Brunnen statt. In der Woche nach Ostern wird auf dem Marktplatz ein Ostermarkt veranstaltet, auf dem heimische Produkte angeboten werden. Empfehlenswert ist der Bauern-Meerrettich. Darüber hinaus treten immer wieder Musikanten oder

In Aufseß wird die Brücke geschmückt.

Kunstvoll bemalte Ostereier

Tanzgruppen »Zu Ehren des Brunnenwassers« auf.

Auf der L 2188 kommt man geradeaus über den Heckenhofer Berg nach **Aufseß** (6 km). Hier schmücken die Bewohner nicht nur ihren Brunnen, der linker Hand oben auf dem Schlossberg liegt, sondern sogar ihre Dorfbrücke. Sie befindet sich unterhalb des Schlosses beim Brauereigasthof Rothenbach. Das macht in der Bier- und Brauhochburg Aufseß natürlich einen ganz besonderen Sinn. Das frische und spritzige Wasser hat einen großen geschmacklichen Einfluss auf das Bier.

Fahrt über Hochstahl nach Kleingesee Von Aufseß fährt man nach Heckenhof und weiter nach **Hochstahl** (3 km). In Hochstahl befindet sich der Osterbrunnen direkt an der Hauptstraße. Weiter geht es durch Zochenreuth, Waischenfeld, Hubenberg, Seelig, Voigendorf, Wiesenttal und Albertshof. In Albertshof fährt man auf der K 35 bis nach **Muggendorf**. In allen besuchten Orten gibt es

Immer häufiger werden auch Brunnenfiguren in den Schmuck einbezogen.

In Kleingesee stehen hinter dem Osterbrunnen auch die Osterhasen bereit.

kleine Osterbrunnen. Besonders schön ist aber der Osterbrunnen in Muggendorf. Er befindet sich auf dem Marktplatz vor dem Gasthaus Goldener Stern. Früher schrieb man insbesondere dem Osterwasser eine besondere Wirkung zu. So glaubte man, dass Kinder, die mit frisch geweihtem Wasser an Ostern getauft wurden, besonders klug werden sollten.

Auf der B 470 fahren wir nun nach Gößweinstein, danach durch Stadelhofen und geradeaus auf der Kleingeseer Straße weiter nach **Kleingesee** (14 km). Den Osterbrunnen von Kleingesee findet man, wenn man in die erste Straße nach dem Ortsschild links einbiegt und bis zum Feuerwehrgerätehaus fährt.

Von Kleingesee nach Egloffstein Über Bärnfels erreicht man **Obertrubach** (4 km). In der Gemeinde Obertrubach wird die Trubachquelle am Ortsende seit einigen Jahren mit besonders langen Eiergirlanden bestückt. Geschmückt ist auch der Laurentiusbrunnen vor der Kirche. Das Osterbrunnenschmücken ist zwar uralt, erfuhr aber seit den 1980er Jahren eine intensive Wiederbelebung. 1986 zählte man bereits 226 Osterbrunnen in 169 Ortschaften der Fränkischen Schweiz.

Durch Hackermühle, Wolfsberg, Untertrubach, Haselstauden und Hammerbühl erreicht man nach ca. 10 km **Egloffstein**. In Egloffstein sind insgesamt sechs Osterbrunnen zu bestaunen. Eine Besonderheit ist der »Brunnen am Gries«: Der Brunnen ist eigentlich ein Wasserlauf, der in einem kleinen Teich endet. Bögen aus Fichtenzweigen und bunten Eiern schmücken ihn während der Osterzeit.

Abstecher nach Bieberbach Von Egloffstein sollten wir zuerst noch einen Abstecher nach Affalthertal und Bieberbach machen. In Affalterthal ist an der Straße eine Osterlandschaft mit einer Miniaturstadt und den unterschiedlichsten Hasenabbildungen aufgebaut.

In Bieberbach befindet sich der größte fränkische Osterbrunnen. Der weltberühmte Ostereierbrunnen der Dorfgemeinschaft Bieberbach mit seinen 376 Einwohnern steht im Guinness-Buch der Rekorde. Von Bieberbach fahren wir zurück nach Egloffstein.

In Bieberbach befindet sich der größte fränkische Osterbrunnen.

Von Egloffstein zurück nach Forchheim Ab Egloffstein geht es weiter über Hammerbühl nach **Gräfenberg** (10 km). Sehr schön geschmückt ist in Gräfenberg der Hauptbrunnen auf dem Marktplatz in der Ortsmitte. Von Gräfenberg erreichen wir über Mittelehrenbach und Kunreuth **Effeltrich** (12 km).

Natürlich sind auch in Effeltrich die Brunnen mit Ostereiern geschmückt. Aber wichtiger ist noch ein ganz besonderer Osterbrauch. Am Ostermontag findet der Georgiritt statt. Festlich geschmückte Pferde ziehen zum Gedenken an den heiligen Georg durch den oberfränkischen Ort. Er ist der Kirchenpatron der Wehrkirche von Effeltrich. Bis zu 200 Reiter nehmen mit ihren Pferden an dem Umritt teil. Nach der Messfeier am Morgen werden die Pferde an der Wehrkirche gesegnet. Anschließend beginnt der Ritt um die Kirchenburg und die 1000-jährige Linde.

Osterbrunnen in Obertrubach

Von Effeltrich schließlich fahren wir zurück nach Forchheim.

Orts- und Sachregister

A

Alfalter 57
Aufseß 24, 26 f, 30 f, 137 f

B

Bad Windsheim 126
Bärenburg 100, 106
Bieberbach 140
Binghöhle 21, 23
Birkenreuth 136
Brückleinsmühle 78
Burg Hoheneck 129
Burg Wernfels 100, 106
Burgfarrnbach 113
Burggrub 26
Burgstall 118, 124 f

C

Cadolzburg 108, 112

D

Dietersheim 130
Dietzhof 15, 37

E

Ebermannstadt 16, 23, 135, 137
Eckersmühlen 75, 79
Effeltrich 140
Egersdorf 113
Egloffstein 32, 37, 139 f
Ehrenbürg 8, 14
Eschenbach 57

F

Forchheim 8, 134 f
Fränkisches Seenland 68
Fuchsmühle 75, 77

G

Gasseldorf 16, 18, 23
Georgensgmünd 90, 98

Glatzenstein 66
Gräfenberg 38 f, 41, 45, 140
Greimersdorf 113
Gutenstetten 133

H

Hackermühle 140
Haidhof 37
Haimpfarrich 78
Hammerbühl 140
Happurg 57
Happurger See 56
Haselstauden 140
Hauptendorf 118, 124 f
Heckenhof 31
Heideck 87, 89
Heiligenstadt 24, 26, 28, 137
Henfenfeld 48, 55
Hersbruck 48, 56 f
Herzogenaurach 118, 124 f
Heuberg 86
Hiltmannsdorf 113
Hilpoltstein 77, 80, 85
Hintere Röd 67
Historischer Eisenhammer 73, 75
Hochstahl 31, 138
Hofstetten 77
Höfstetten 106
Hohenschwärz 46
Hohenstadt 57
Hundsboden 37
Hundshaupten 35, 37

I

Ipsheim 130

J

Jahrsdorf 89

K

Kersbach 66
Kirchehrenbach 15
Kleingesee 138 f
Kriegenbrunn 108, 112, 116
Kunreuth 140

L

Lauf 58, 64, 67
Leidingshof 23
Leinleiter 16, 18, 23
Leonhardsmühle 78
Lösmühle 79

M

Mindorf 89
Minettenheim 89
Mittelehrenbach 37, 140
Mörlach 89
Muggendorf 138

N

Neustadt an der Aisch 126, 130

P

Pahres 133
Paulusmühle 76
Pyras 80, 87, 89

O

Oberehrenbach 37
Oberfellendorf 23
Oberheckenhofen 98
Obermichelbach 116, 125
Obertrubach 139
Ortspitz 37

R

Reichenschwand 53, 55
Rodenstein 14

Roth 68, 73
Rothsee 80, 85, 87

S

Sachsendorf 30
Schlaifhausen 15
Schwadermühle 113
Seidmar 37
Seitzenmühle 76
Siegritz 23
Spalt 98, 100, 106
Speikern 58, 64 ff, 67
Steinbach 125
Stephansmühle 78
Stiegelmühle 106
Streitberg 16, 21, 23

T

Teilenberg 107
Thuisbrunn 38, 45 f
Trautenfurt 106
Tuchenbach 125

U

Uehlfeld 126, 133
Untermichelbach 116
Untertrubach 140

W

Wallersbach 76
Weißenbach 66
Weißenohe 38 f, 46
Wiesent 16
Wiesenthau 12
Walberla 13
Wolfsberg 140

V

Veilbronn 18, 20
Veitsbronn 115

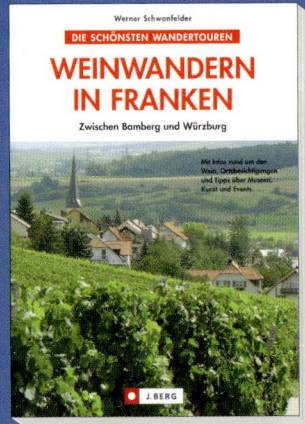

Unser komplettes Programm:

www.j-berg-verlag.de

UNSER ONLINE-SERVICE FÜR SIE

GPS-Tracks und weitere Übernachtungstipps zu den Touren erhalten Sie unter:

www.planet-outdoor.de

Geben Sie dort entweder im Feld »Buch-Login« die ISBN-Nr. oder im Suchfeld »Stichwort« den jeweiligen Tourennamen ein. Klicken Sie jetzt auf die gewünschte Tour und Sie erhalten zahlreiche Informationen.

Produktmanagement: Sabine Klingan
Lektorat, Bildauswahl und Redaktion: Barbara Buchter, extratour, Neuenbürg
Layout: BUCHFLINK Rüdiger Wagner, Nördlingen
Kartografie: Heike Boschmann, Computerkartografie Carrle, München
Repro: Cromica s.a.s., Verona
Herstellung: Thomas Fischer
Printed in Italy by Printer Trento S.r.l.

Alle Angaben dieses Werkes wurden vom Autor sorgfältig recherchiert und auf den aktuellen Stand gebracht sowie vom Verlag geprüft.
Für die Richtigkeit der Angaben kann jedoch keine Haftung übernommen werden.
Für Hinweise und Anregungen sind wir jederzeit dankbar.
Bitte richten Sie diese an:
J. Berg Verlag, Postfach 400209, D-80702 München
E-Mail: lektorat@verlagshaus.de

Bildnachweis
Alle Bilder im Innenteil und auf dem Umschlag vom Autor
Umschlagvorderseite: Museum Bad Windsheim
Umschlagrückseite: Die Veste Cadolzburg

Deutsche Nationalbibliothek – CIP-Einheitsaufnahme
Ein Titeldatensatz für diese Publikation ist bei der Deutschen Nationalbibliothek erhältlich.

© 2009 J. Berg Verlag im C.J. Bucher Verlag GmbH, München
ISBN 978-3-7658-4204-7